北京大學中國語言學研究中心

早期北京話珍稀文獻集成
主編 劉雲

朝鮮日據時期漢語會話書匯編
分卷主編 〔韓〕朴在淵 〔韓〕金雅瑛

無先生速修中國語自通

白松溪 著
〔韓〕朴在淵 〔韓〕金雅瑛 校注

北京大學出版社
PEKING UNIVERSITY PRESS

圖書在版編目（CIP）數據

無先生速修中國語自通 / 白松溪著；（韓）朴在淵,（韓）金雅瑛校注. — 北京：北京大學出版社, 2017.7
（早期北京話珍本典籍校釋與研究）
ISBN 978-7-301-28095-9

Ⅰ. ①無… Ⅱ. ①白… ②朴… ③金… Ⅲ. ①北京話 Ⅳ. ①H172.1

中國版本圖書館CIP數據核字（2017）第026611號

書　　　名	無先生速修中國語自通 WU XIANSHENG SUXIU ZHONGGUOYU ZITONG
著作責任者	白松溪　著　［韓］朴在淵　［韓］金雅瑛　校注
責任編輯	何杰杰　鄧曉霞
韓文編輯	申明鈺
標準書號	ISBN 978-7-301-28095-9
出版發行	北京大學出版社
地　　　址	北京市海淀區成府路205號　100871
網　　　址	http://www. pup. cn　　新浪微博:@北京大學出版社
電子信箱	zpup@ pup. cn
電　　　話	郵購部 62752015　發行部 62750672　編輯部 62752028
印　刷　者	北京虎彩文化傳播有限公司
經　銷　者	新華書店
	720毫米×1020毫米　16開本　11.75印張　105千字 2017年7月第1版　2017年7月第1次印刷
定　　　價	48.00元

未經許可，不得以任何方式複製或抄襲本書之部分或全部內容。
版權所有，侵權必究
舉報電話: 010-62752024　電子信箱: fd@pup.pku.edu.cn
圖書如有印裝質量問題，請與出版部聯繫，電話: 010-62756370

總　序

　　語言是文化的重要組成部分，也是文化的載體。語言中有歷史。

　　多元一體的中華文化，體現在我國豐富的民族文化和地域文化及其語言和方言之中。

　　北京是遼金元明清五代國都（遼時爲陪都），千餘年來，逐漸成爲中華民族所公認的政治中心。北方多個少數民族文化與漢文化在這裏碰撞、融合，產生出以漢文化爲主體的、帶有民族文化風味的特色文化。

　　現今的北京話是我國漢語方言和地域文化中極具特色的一支，它與遼金元明四代的北京話是否有直接繼承關係還不是十分清楚。但可以肯定的是，它與清代以來旗人語言文化與漢人語言文化的彼此交融有直接關係。再往前追溯，旗人與漢人語言文化的接觸與交融在入關前已經十分深刻。本叢書收集整理的這些語料直接反映了清代以來北京話、京味兒文化的發展變化。

　　早期北京話有獨特的歷史傳承和文化底蘊，於中華文化、歷史有特別的意義。

　　一者，這一時期的北京歷經滿漢雙語共存、雙語互協而新生出的漢語方言——北京話，它最終成爲我國民族共同語（普通話）的基礎方言。這一過程是中華多元一體文化自然形成的諸過程之一，對於了解形成中華文化多元一體關係的具體進程有重要的價值。

　　二者，清代以來，北京曾歷經數次重要的社會變動：清王朝的逐漸孱弱、八國聯軍的入侵、帝制覆滅和民國建立及其伴隨的滿漢關係變化、各路軍閥的來來往往、日本侵略者的占領等等。在這些不同的社會環境下，北京人的構成有無重要變化？北京話和京味兒文化是否有變化？進一步地，地域方言和文化與自身的傳承性或發展性有着什麽樣的關係？與社會變遷有着什麽樣的關係？清代以至民國時期早期北京話的語料爲研究語言文化自身傳承性與社會的關係提供了很好的素材。

了解歷史纔能更好地把握未來。中華人民共和國成立後，北京不僅是全國的政治中心，而且是全國的文化和科研中心，新的北京話和京味兒文化或正在形成。什麽是老北京京味兒文化的精華？如何傳承這些精華？爲把握新的地域文化形成的規律，爲傳承地域文化的精華，必須對過去的地域文化的特色及其形成過程進行細緻的研究和理性的分析。而近幾十年來，各種新的傳媒形式不斷涌現，外來西方文化和國内其他地域文化的衝擊越來越强烈，北京地區人口流動日趨頻繁，老北京人逐漸分散，老北京話已幾近消失。清代以來各個重要歷史時期早期北京話語料的保護整理和研究迫在眉睫。

　　"早期北京話珍本典籍校釋與研究（暨早期北京話文獻數字化工程）"是北京大學中國語言學研究中心研究成果，由"早期北京話珍稀文獻集成""早期北京話數據庫"和"早期北京話研究書系"三部分組成。"集成"收録從清中葉到民國末年反映早期北京話面貌的珍稀文獻并對内容加以整理，"數據庫"爲研究者分析語料提供便利，"研究書系"是在上述文獻和數據庫基礎上對早期北京話的集中研究，反映了當前相關研究的最新進展。

　　本叢書可以爲語言學、歷史學、社會學、民俗學、文化學等多方面的研究提供素材。

　　願本叢書的出版爲中華優秀文化的傳承做出貢獻！

王洪君　郭鋭　劉雲
二〇一六年十月

"早期北京話珍稀文獻集成"序

清民兩代是北京話走向成熟的關鍵階段。從漢語史的角度看，這是一個承前啓後的重要時期，而成熟後的北京話又開始爲當代漢民族共同語——普通話源源不斷地提供着養分。蔣紹愚先生對此有着深刻的認識："特別是清初到19世紀末這一段的漢語，雖然按分期來說是屬於現代漢語而不屬於近代漢語，但這一段的語言（語法，尤其是詞彙）和'五四'以後的語言（通常所説的'現代漢語'就是指'五四'以後的語言）還有若干不同，研究這一段語言對於研究近代漢語是如何發展到'五四'以後的語言是很有價值的。"（《近代漢語研究概要》，北京大學出版社，2005年）然而國内的早期北京話研究并不盡如人意，在重視程度和材料發掘力度上都要落後於日本同行。自1876年至1945年間，日本漢語教學的目的語轉向當時的北京話，因此留下了大批的北京話教材，這爲其早期北京話研究提供了材料支撐。作爲日本北京話研究的奠基者，太田辰夫先生非常重視新語料的發掘，很早就利用了《小額》《北京》等京味兒小説材料。這種治學理念得到了很好的傳承，之後，日本陸續影印出版了《中國語學資料叢刊》《中國語教本類集成》《清民語料》等資料匯編，給研究帶來了便利。

新材料的發掘是學術研究的源頭活水。陳寅恪《〈敦煌劫餘録〉序》有云："一時代之學術，必有其新材料與新問題。取用此材料，以研求問題，則爲此時代學術之新潮流。"我們的研究要想取得突破，必須打破材料桎梏。在具體思路上，一方面要拓展視野，關注"異族之故書"，深度利用好朝鮮、日本、泰西諸國作者所主導編纂的早期北京話教本；另一方面，更要利用本土優勢，在"吾國之舊籍"中深入挖掘，官話正音教本、滿漢合璧教本、京味兒小説、曲藝劇本等新類型語料大有文章可做。在明確了思路之後，我們從2004年開始了前期的準備工作，在北京大學中國語言學研究中心的大力支持下，早期北京話的挖掘整理工作於2007年正式啓動。本次推出的"早期北京話珍稀文獻集成"是階段性成果之一，總體設計上"取異族之故書與吾國之舊籍互相補正"，共分"日本北京話教科書匯編""朝鮮日據時期漢語會話書匯編""西人北京話教科書匯編""清代滿漢合璧文獻萃編""清代官話正音文獻""十全福""清末民初京味兒小説書系""清末民初京味兒時評書系"八個系列，臚列如下：

"日本北京話教科書匯編"於日本早期北京話會話書、綜合教科書、改編讀物和風俗紀聞讀物中精選出《燕京婦語》《四聲聯珠》《華語跬步》《官話指南》《改訂官話指南》《亞細亞言語集》《京華事略》《北京紀聞》《北京風土編》《北京風俗問答》《北京事情》《伊蘇普喻言》《搜奇新編》《今古奇觀》等二十餘部作品。這些教材是日本早期北京話教學活動的縮影，也是研究早期北京方言、民俗、史地問題的寶貴資料。本系列的編纂得到了日本學界的大力幫助。冰野善寬、内田慶市、太田齋、鱒澤彰夫諸先生在書影拍攝方面給予了諸多幫助。書中日語例言、日語小引的翻譯得到了竹越孝先生的悉心指導，在此深表謝忱。

"朝鮮日據時期漢語會話書匯編"由韓國著名漢學家朴在淵教授和金雅瑛博士校注，收入《改正增補漢語獨學》《修正獨習漢語指南》《高等官話華語精選》《官話華語教範》《速修漢語自通》《速修漢語大成》《無先生速修中國語自通》《官話標準：短期速修中國語自通》《中語大全》《"内鮮滿"最速成中國語自通》等十餘部日據時期（1910年至1945年）朝鮮教材。這批教材既是對《老乞大》《朴通事》的傳承，又深受日本早期北京話教學活動的影響。在中韓語言史、文化史研究中，日據時期是近現代過渡的重要時期，這些資料具有多方面的研究價值。

"西人北京話教科書匯編"收録了《語言自邇集》《官話類編》等十餘部西人編纂教材。這些西方作者多受過語言學訓練，他們用印歐語的眼光考量漢語，解釋漢語語法現象，設計記音符號系統，對早期北京話語音、詞彙、語法面貌的描寫要比本土文獻更爲精準。感謝郭鋭老師提供了《官話類編》《北京話語音讀本》和《漢語口語初級讀本》的底本，《尋津録》、《語言自邇集》（第一版、第二版）、《漢英北京官話詞彙》、《華語入門》等底本由北京大學圖書館特藏部提供，謹致謝忱。《華英文義津逮》《言語聲片》爲筆者從海外購回，其中最爲珍貴的是老舍先生在倫敦東方學院執教期間，與英國學者共同編寫的教材——《言語聲片》。教材共分兩卷：第一卷爲英文卷，用英語講授漢語，用音標標注課文的讀音；第二卷爲漢字卷。《言語聲片》采用先用英語導入，再學習漢字的教學方法講授漢語口語，是世界上第一部有聲漢語教材。書中漢字均由老舍先生親筆書寫，全書由老舍先生錄音，共十六張唱片，京韵十足，殊爲珍貴。

上述三類"異族之故書"經江藍生、張衛東、汪維輝、張美蘭、李無未、王順洪、張西平、魯健驥、王澧華諸先生介紹，已經進入學界視野，對北京話研究和對外漢語教學史研究產生了很大的推動作用。我們希望將更多的域外經典北京話教本引入進來，考慮到日本卷和朝鮮卷中很多抄本字迹潦草，難以辨認，而刻本、印本中也存在着大量的異體字和俗字，重排點校注釋的出版形式更利於研究者利用，這也是前文"深度利用"的含義所在。

對"吾國之舊籍"挖掘整理的成果，則體現在下面五個系列中：

"清代滿漢合璧文獻萃編"收入《清文啓蒙》《清話問答四十條》《清文指要》《續編兼漢清文指要》《庸言知旨》《滿漢成語對待》《清文接字》《重刻清文虛字指南編》等十餘部經典滿漢合璧文獻。入關以後，在漢語這一强勢語言的影響下，熟習滿語的滿人越來越少，故雍正以降，出現了一批用當時的北京話注釋翻譯的滿語會話書和語法書。這批教科書的目的本是教授旗人學習滿語，却無意中成爲了早期北京話的珍貴記録。"清代滿漢合璧文獻萃編"首次對這批文獻進行了大規模整理，不僅對北京話溯源和滿漢語言接觸研究具有重要意義，也將爲滿語研究和滿語教學創造極大便利。由於底本多爲善本古籍，研究者不易見到，在北京大學圖書館古籍部和日本神户市外國語大學竹越孝教授的大力協助下，"萃編"將以重排點校加影印的形式出版。

"清代官話正音文獻"收入《正音撮要》（高静亭著）和《正音咀華》（莎彝尊著）兩種代表著作。雍正六年（1728），雍正諭令福建、廣東兩省推行官話，福建爲此還專門設立了正音書館。這一"正音"運動的直接影響就是以《正音撮要》和《正音咀華》爲代表的一批官話正音教材的問世。這些書的作者或爲旗人，或寓居京城多年，書中保留着大量北京話詞彙和口語材料，具有極高的研究價值。沈國威先生和侯興泉先生對底本搜集助力良多，特此致謝。

《十全福》是北京大學圖書館藏《程硯秋玉霜簃戲曲珍本》之一種，爲同治元年陳金雀抄本。陳曉博士發現該傳奇雖爲崑腔戲，念白却多爲京話，較爲罕見。

以上三個系列均爲古籍，且不乏善本，研究者不容易接觸到，因此我們提供了影印全文。

總體來説，由於言文不一，清代的本土北京話語料數量較少。而到了清末民初，風氣漸開，情況有了很大變化。彭翼仲、文實權、蔡友梅等一批北京愛國知識分子通過開辦白話報來"開啟民智""改良社會"。著名愛國報人彭翼仲在《京話日報》的發刊詞中這樣寫道："本報爲輸進文明、改良風俗，以開通社會多數人之智識爲宗旨。故通幅概用京話，以淺顯之筆，達樸實之理，紀緊要之事，務令雅俗共賞，婦稚咸宜。"在當時北京白話報刊的諸多欄目中，最受市民歡迎的當屬京味兒小説連載和《益世餘譚》之類的評論欄目，語言極爲地道。

"清末民初京味兒小説書系"首次對以蔡友梅、冷佛、徐劍膽、儒丐、勳鋭爲代表的晚清民國京味兒作家群及作品進行系統挖掘和整理，從千餘部京味兒小説中萃取代表作家的代表作品，并加以點校注釋。該作家群活躍於清末民初，以報紙爲陣地，以小説爲工具，開展了一場轟轟烈烈的底層啓蒙運動，爲新文化運動的興起打下了一定的羣衆基礎，他們的作品對老舍等京味兒小説大家的創作產生了積極影響。本系列的問世亦將爲文學史和思想史研究提供議題。于潤琦、方梅、陳清茹、雷曉彤諸先生爲本系列提供了部分底本或館藏綫索，首都圖書館歷史文獻閲覽室、天津圖書館、國家圖書館提供了極大便利，謹致謝意！

"清末民初京味兒時評書系"則收入《益世餘譚》和《益世餘墨》，均係著名京味兒小説家蔡友梅在民初報章上發表的專欄時評，由日本岐阜聖德學園大學劉一之教授、矢野賀子教授校注。

這一時期存世的報載北京話語料口語化程度高，且總量龐大，但發掘和整理却殊爲不易，稱得上"珍稀"二字。一方面，由於報載小説等欄目的流行，外地作者也加入了京味兒小説創作行列，五花八門的筆名背後還需考證作者是否爲京籍，以蔡友梅爲例，其真名爲蔡松齡，查明的筆名還有損、損公、退化、亦我、梅蒐、老梅、今睿等。另一方面，這些作者的作品多爲急就章，文字錯訛很多，并且鮮有單行本存世，老報紙殘損老化的情況日益嚴重，整理的難度可想而知。

　　上述八個系列在某種程度上填補了相關領域的空白。由於各個系列在内容、體例、出版年代和出版形式上都存在較大的差異，我們在整理時借鑒《朝鮮時代漢語教科書叢刊續編》《〈清文指要〉匯校與語言研究》等語言類古籍的整理體例，結合各個系列自身特點和讀者需求，靈活制定體例。"清末民初京味兒小説書系"和"清末民初京味兒時評書系"年代較近，讀者群體更爲廣泛，經過多方調研和反復討論，我們決定在整理時使用簡體橫排的形式，儘可能同時滿足專業研究者和普通讀者的需求。"清代滿漢合璧文獻萃編""清代官話正音文獻"等系列整理時則采用繁體。"早期北京話珍稀文獻集成"總計六十餘册，總字數近千萬字，稱得上是工程浩大，由於我們能力有限，體例和校注中難免會有疏漏，加之受客觀條件所限，一些擬定的重要書目本次無法收入，還望讀者多多諒解。

　　"早期北京話珍稀文獻集成"可以説是中日韓三國學者通力合作的結晶，得到了方方面面的幫助，我們還要感謝陸儉明、馬真、蔣紹愚、江藍生、崔希亮、方梅、張美蘭、陳前瑞、趙日新、陳躍紅、徐大軍、張世方、李明、鄧如冰、王强、陳保新諸先生的大力支持，感謝北京大學圖書館的協助以及蕭群書記的熱心協調。"集成"的編纂隊伍以青年學者爲主，經驗不足，兩位叢書總主編傾注了大量心血。王洪君老師不僅在經費和資料上提供保障，還積極扶掖新進，"我們搭臺，你們年輕人唱戲"的話語令人倍感温暖和鼓舞。郭鋭老師在經費和人員上也予以了大力支持，不僅對體例制定、底本選定等具體工作進行了細緻指導，還無私地將自己發現的新材料和新課題與大家分享，令人欽佩。"集成"能够順利出版還要特別感謝國家出版基金規劃管理辦公室的支持以及北京大學出版社王明舟社長、張鳳珠副總編的精心策劃，感謝漢語編輯部杜若明、鄧曉霞、張弘泓、宋立文等老師所付出的辛勞。需要感謝的師友還有很多，在此一併致以誠摯的謝意。

"上窮碧落下黃泉，動手動脚找東西"，我們不奢望引領"時代學術之新潮流"，惟願能給研究者帶來一些便利，免去一些奔波之苦，這也是我們向所有關心幫助過"早期北京話珍稀文獻集成"的人士致以的最誠摯的謝意。

劉　雲
二〇一五年六月二十三日
於對外經貿大學求索樓
二〇一六年四月十九日
改定於潤澤公館

整理说明

　　本叢書收録的是20世紀前半葉韓國出版的漢語教材，反映了那個時期韓國漢語教學的基本情况。教材都是刻版印刷，質量略有參差，但總體上來説不錯。當然，錯誤難免，這也是此次整理所要解决的。

　　考慮到閲讀的方便，整理本不是原樣照録（如果那樣，僅影印原本已足够），而是將原本中用字不規範甚至錯誤之處加以訂正，作妥善的處理，方便讀者閲讀。

　　下面將整理情况作一簡要説明。

　　一、原本中錯字、漏字的處理。因刻寫者水平關係，錯字、漏字不少。整理時將正確的字用六角括號括起來置於錯字後面。如：

　　悠〔您〕、這〔道〕、辨〔辦〕、兩〔雨〕、郡〔都〕、早〔旱〕、删〔剛〕、往〔住〕、玖〔玫〕、牧〔牡〕、湖〔胡〕、衣〔做〕、長〔漲〕、痩〔瘦〕、敞〔敝〕、泐〔沏〕、臊〔臜〕、掛〔掛〕、榻〔褟〕、紛〔粉〕、宁〔廳〕、蠍〔蜥〕、叹〔哎〕、林〔材〕、醮〔瞧〕、到〔倒〕、仙〔他〕、設〔説〕、悟〔誤〕、嗜〔瞎〕、顫〔顢〕、孃〔讓〕、斫〔砍〕、抗〔亢〕、搜〔樓〕、遛〔溜〕、藝〔嚘〕、刃〔刀〕、歐〔毆〕、肯〔背〕、叔〔叙〕、坂〔坡〕、裹〔裏〕、炎〔災〕、正〔五〕、着〔看〕、呆〔茶〕、怜悧〔伶俐〕、邦〔那〕、尿〔屁〕、常〔當〕、師〔帥〕、撤〔撒〕、例〔倒〕、孽〔孳〕、昧〔眯〕

　　如果錯字具有系統性，即整部書全用該字形，整理本徑改。如：

　　"熱"誤作"熱"、"已"誤作"己"、"麽"誤作"麽"、"豐"誤作"豊"、"懂"誤作"憧/憧"、"聽"誤作"聼"、"緊"誤作"繁"

　　二、字跡漫漶或缺字處用尖括號在相應位置標出。如：

　　賞□〈罰〉、這□〈不〉是

　　三、異體字的處理。異體字的問題較爲複雜，它不僅反映了當時某一地域漢字使用的習慣，同時也可能提供别的信息，因此，對僅僅是寫法不同的異體

字,整理本徑改爲通行字體。如:

呌—叫	伱、儞—你	煮—煮
馱、䭾—駄	幇—幫	冐—冒
恠—怪	寃—冤	徃—往
胷—胸	樻—櫃	鴈—雁
决—決	牀—床	鏁—鎖
砰—碰	糚—裝	箇—個
閙—鬧	鑛—礦	牆—墙
舘—館	俻—備	喒、偺、昝—咱
膓—腸	葯—藥	寳—寶
稟—稟	讃—讚	蓆—席
盃—杯	砲、礮—炮	姪—侄
窻—窗	躭—耽	欵—款
荅—答	糡—糨	踈—疏
聦—聰	賍—臟	搯—攜
餽—饋	撑—撐	躰—體
醎—鹹	坭—泥	窰—窯
滙—匯	朶—朵	擡—抬
煙—烟	賸—剩	骸—腿

以上字形,整理本取後一字。

對有不同用法的異體字,整理時加以保留。如:

疋—匹　　　升—昇—陞

四、部分卷册目錄與正文不一致,整理本做了相應的處理,其中有標號舛誤之處因涉及全書的結構,整理本暫仍其舊。

目　錄

第一　　數字 …………………… 1	第十三課　找遠方友 …………… 16
第二　　數量 …………………… 1	第十四課　找朋友 ……………… 17
第三　　里數 …………………… 2	第十五課　上學堂 ……………… 17
第四　　寸尺 …………………… 2	第十六課　車站 ………………… 19
第五　　斗量 …………………… 2	第十七課　到客棧 ……………… 20
第六　　斤數 …………………… 2	第十八課　客棧裏 ……………… 23
第七　　貨弊〔幣〕 …………… 2	第十九課　房子 ………………… 23
第八　　禮拜 …………………… 3	第二十課　電報局 ……………… 24
第九　　四時 …………………… 3	第二十一課　溜達去 …………… 26
第十　　月數 …………………… 3	第二十二課　送別 ……………… 27
第十一　日數 …………………… 4	第二十三課　座船 ……………… 28
第十二　時數 …………………… 4	第二十四課　商路 ……………… 30
解説部 …………………………… 4	第二十五課　先生及學生 ……… 31
第一課　你我他 ………………… 6	第二十六課　看書 ……………… 32
第二課　這個那個 ……………… 7	第二十七課　找字 ……………… 33
第三課　這兒那兒 ……………… 8	第二十八課　早起 ……………… 34
第四課　紙鋪 …………………… 8	第二十九課　成表〔衣〕鋪 …… 35
第五課　貴姓 …………………… 9	第三十課　衛〔衙〕門 ………… 36
第六課　天氣 …………………… 10	第三十一課　審判廳 …………… 36
第七課　早找友 ………………… 11	第三十二課　問病 ……………… 37
第八課　買卵 …………………… 12	第三十三課　醫問病答 ………… 38
第九課　買帽 …………………… 12	第三十四課　友死悲感 ………… 39
第十課　故友賣買 ……………… 13	第三十五課　久仰久仰 ………… 40
第十一課　買麵去 ……………… 14	第三十六課　過年 ……………… 41
第十二課　來朋友 ……………… 15	第三十七課　屋裏 ……………… 42

第三十八課　食堂 …………… 43	數目寫法 …………………… 50
第三十九課　料理店(一) ……… 43	百家姓〔續〕 ………………… 51
第四十課　料理店去(二) ……… 44	斤求兩法 …………………… 53
第四十一課　養鳥 …………… 46	兩求斤法 …………………… 54
第四十二課　健壯 …………… 46	手的算法(一名小九九完) ……… 54
第四十三課　雜貨店 ………… 47	乘法叠幷數(一名大九九) …… 55
第四十四課　動身 …………… 48	附錄單語 …………………… 55
單語名稱 ……………………… 49	

無先生速修中國語自通（影印） ……………………………………………… 63

第一　數字

一 [이] 하나
二 [얼] 둘
三 [싼] 셋
四 [쓰] 넷
五 [우] 다섯
六 [류] 여섯
七 [치] 일곱
八 [빠] 여덟
九 [쥬] 아홉

十 [쓰] 열
一百 [이배] 빅
一千 [이첸] 천
一萬 [이완] 만
一萬萬 [이완ㄱ] 억
億 [이] 억
兆 [쨔] 죠
京 [징] 경

第二　數量

一個 [이거] 〈한〉 개
兩個 [량거] 두 개
三個 [싼거] 세 개
四個 [쓰거] 네 개
五啊 [우아] 다서시라
六啊 [류아] 여셧이라
第一 [듸이] 뎨일
第二 [듸얼] 뎨이
第三 [듸싼] 뎨삼
第十 [듸쓰] 뎨십
第一百 [듸이빅] 뎨일빅
第一千 [듸이첸] 뎨일쳔

第一號 [듸아 [이] 화] 뎨일호
第二號 [듸얼화] 뎨이호
第三號 [듸싼화] 뎨삼호
第十號 [듸쓰화] 뎨십호
十來個 [쓰릭거] 근 십 기
十多個 [쓰둬거] 십여 개
十來多個 [쓰래둬거] 근 십여 개
一百多個 [이빅둬거] 백여 개
一千多個 [이쳰둬거] 천여 개
三分之一 [싼왠쯔이] 삼분지일
四分之三 [쓰왠쯔싼] 사분지삼
十分之七 [쓰왠쯔치] 십분지칠

第三　里數

一里 [이리] 일 리
二里 [얼리] 이 리
三里 [싼리] 삼 리
一百五十里 [이배우쒸리] 일빅오십 리

第四　寸尺

一分 [이왠] 일 분
一寸 [이춘] 한 치
一尺 [이치] 한 자
一丈 [이장] 한 발
一匹 [이피] 한 필

第五　斗量

一勺 [이샤오] 일 작
一合 [이허] 일 합
一升 [이승] 한 되
一斗 [이됴 (뒤)] 한 말
一斛 [이후] 닷 말(五斗)
一石 [이단] 한 섬

第六　斤數

一錢 [이쳰] 한 돈
一兩 [이량] 한 량
一斤 [이진] 한 근
一磅 [이쌩] 十二兩重
一擔 [이딴(딴)][단]] 백 근
一噸 [이둔] 한 돈

第七　貨弊〔幣〕

一分錢 [이왠쳰] 일 전
二分錢 [얼왠쳰] 이 전
九分錢 [쥬왠쳰] 구 전
一角錢 [이쟈오쳰] 십 전
兩角錢 [량쟈오쳰] 이십 전
三角錢 [싼쟈오쳰] 삼십 전
一塊錢 [이쾌쳰] 일 원
兩塊錢 [량쾌쳰] 이 원
三塊錢 [싼쾌쳰] 삼 원
一個銅錢〔子〕兒 [이거퉁쯔얼] 동전 한 푼
兩個銅錢〔子〕兒 [량거퉁쯔얼] 동전 두 푼
三個銅錢〔子〕兒 [싼거퉁쯔얼] 동전 서 푼
九個銅錢〔子〕兒 [쥬거퉁쯔얼] 동전 구 푼
一個錢〔子〕兒 [이거쯔얼] 일 전

兩個錢〔子〕兒 [량거쓰얼] 이 젼　　兩元 [량웬] 이 원
三個錢〔子〕兒 [싼거쓰얼] 삼 젼　　三元 [싼웬] 삼 원
九個錢〔子〕兒 [쥬거쓰얼] 구 젼　　一毛五 [이맢우] 십오 젼
一毛 [이맢] 십 젼　　　　　　　　一毛五個錢〔子〕兒 [이맢우거쓰
兩毛 [량맢] 이십 젼　　　　　　　　얼] 십오 젼
三毛 [싼맢] 삼십 젼　　　　　　　一毛錢 [이맢첸] 십 젼
九毛 [쥬맢] 구십 젼　　　　　　　兩毛錢 [량맢첸] 이십 젼
一元 [이웬] 일 원　　　　　　　　三毛錢 [싼맢첸] 삼십 젼

第八　禮拜

禮拜日 [리배ㅅ] 예배일　　　　　　아래난 曆數를 헴
星期日 [싱치이ㅅ] 공일　　　　　　星期一 [싱치이] 월요일
禮拜一 [리배이] 월요일　　　　　　星期二 [싱치얼] 화요일
禮拜二 [리배얼] 화요일　　　　　　星期三 [싱치싼] 슈요일
禮拜三 [리배싼] 슈요일　　　　　　星期四 [싱치쓰] 목요일
禮拜四 [리배쓰] 목요일　　　　　　星期五 [싱치우] 금요일
禮拜五 [리배우] 금요일　　　　　　星期六 [싱치류] 토요일
禮拜六 [리배류] 토요일

第九　四時

春天 [츈텐] 봄날　　　　　　　　　秋天 [추텐] 가을날
夏天 [쌰텐] 여름날　　　　　　　　冬天 [쭝텐] 겨울날

第十　月數

一年的十二月數一數罷 [이 녠듸의얼웨수이수바] 일 년의 열두 달을 헤여 보시오

正月 [정웨] 정월　　　　　　　　　六月 [류웨] 류월
二月 [얼웨] 이월　　　　　　　　　七月 [치웨] 칠월
三月 [싼웨] 삼월　　　　　　　　　八月 [빠웨] 팔월
四月 [쓰웨] 사월　　　　　　　　　九月 [쥬웨] 구월
五月 [우웨] 오월　　　　　　　　　十月 [의웨] 시월

冬至月 [쭝지웨] 동지달　　　　十二月 [읟얼웨] 십이월
臘月 [라웨] 섯달　　　　　　　一年 [이녠] 일년
十一月 [읟이웨] 십일월

第十一　日數

你知道日字〔子〕麼? [늬지닫이　　　初十 [추읟] 초열흘
　[ㅅ]즈마] 노형이 날즈을 아시오　十一日 [읟이ㅅ] 십일일
初一 [추이] 초하루　　　　　　十二日 [읟얼ㅅ] 십이일
初二 [추얼] 초잇흘　　　　　　十三日 [읟싼ㅅ] 십삼일
初三 [추싼] 초사흘　　　　　　十八日 [읟쌔 [쌔] ㅅ] 십팔일
初四 [추쓰] 초나흘　　　　　　二十日 [얼읟ㅅ] 이십일
初五 [추우] 초닷새　　　　　　二十五日 [얼읟우ㅅ] 이십오일
初六 [추루] 초엿새　　　　　　三十日 [싼읟ㅅ] 삼십일
初七 [추치] 초일헤　　　　　　月底 [웨듸] 금음
初八 [추쌔] 초여들에　　　　　就一個月 [쥐이거웨] 곳 한 달
初九 [추쥐] 초아흘에

第十二　時數

一分 [이왠] 일 분　　　　　　一點 [이덴] 한 시
一刻 [이커] 일 각　　　　　　兩點 [량덴] 두 시
一秒 [이먚] 일 초　　　　　　一點半 [이덴반] 한 시 반
一點鐘 [이덴중] 한 졈　　　　十二點鐘 [읟얼덴□〈즁〉] 열두 졈
兩點鐘 [량덴중] 두 졈　　　　十二點 [□□□〈읟얼덴〉] 열두 시
一點半鐘 [이덴반중] 한 졈 반

解說部

你 [늬] 너, 당신　　　　　　　送 [쑹] 보내다, 보냄
是 [쓰] 는, 는　　　　　　　　報 [반] 신문
誰 [쉬] 누구, 뉘　　　　　　　的 [듸] 의, 者
我 [워] 나, 내　　　　　　　　他 [타] 져, 져 사람

那兒 [나얼] 엇이, 그곳
這兒 [져얼] 이곳, 여긔
人 [신] 사람
你們 [늬먼] 너의들
家 [쟈] 집
都 [뚜] 다, 모도
好 [환] 죠타, 죠아
阿 [아] 아
我們 [워먼] 우리, 우리들
他們 [타먼] 져들, 져의들
去 [취] 가다
咱們 [자먼] 우리들
成衣鋪 [청이푸] 옷 짓난 집
實在 [쓰지] 참, 사실
過堂 [귀탕] 별론
一樣 [이양] 한가지, 갓치
走 [쥬] 가다
一塊兒 [이쾌얼] 함게, 다, 가치
兒 [엘] 언문에 이을(ㄹ)과 가흠
這個 [져거] 이것, 이
那個 [나거] 그, 그것, 져것
不是 [부쓰] 아니다, 아니요
這邊兒 [져벤얼] 이쪽, 이편 쪽
那邊兒 [나벤얼] 그쪽, 그편 쪽
那邊兒 [나ㅣ벤얼] 어느 쪽, 어느 편
那兒 [나ㅣ얼] 엇애, 엇던 곳
爲甚麼 [위슴마] 무슨 까닭, 웨
在 [지] 잇다, 이셔
請 [칭] 쳥컨대, 못죠록
過年 [귀녠] 새해, 설, 지난해
屋裏 [우리] 방안, 방속

來 [릭] 오다, 오시다
着 [져] 을, 를, 슬
了 [라(료)] 엿소, 슴니다
罷 [바] 겟소, 시오, 시다
麼 [마] 잇가, 오니가, 러케
個 [거] 개, 것
得 [더] 기를, 갓다
幇 [빵] 도아주다, 돕다
沒 [매] 업다, 업슬
替 [틔] 대신, 대로
抽 [츄] 흡하다, 마시다
給 [쎄] 주다
點 [덴] 부치다
開 [캐] 열다, 쓸다
拿 [나] 가지다, 취하다
燒 [쏴] 째다, 넛타
搭 [짜] 함끠, 합하다
告訴 [꺄숭 [수]] 말하다
別 [쎄] 말 것, 말으시오, 말으오
跟 [끈] 싸르다, 짜러
着了 [쟈라] 붓엇다, 붓다
關 [꽌] 닷다, 閉也
下 [쌰] 나리다, 오다, 降也
颳 [꽈] 불다, 부오
漲 [칭 [창]] 넘다, 올느다
合適 [허시] 맛다, 정당하다
做 [쥐] 만드다, 하다
天天兒 [텬々얼] 날마다, 매일, 늘
頂 [찡] 매우, 심히, 아쥬
撒謊 [싸황] 거즛, 헛
點兒 [덴얼] 족곰, 얼마

大夫 [따얏] 醫士
瞧 [챠] 진맥, 진찰
瞧一瞧 [챠이챠] 맥 보다
甚麼 [습마] 무엇, 엇재, 웨
怎麼 [점마(즘마)] 엇더케, 엇다한
賬 [쟝] 계산, 쟝부
工夫 [꿍얏] 겨를, 여가, 틈
擱 [꺼] 두다, 둠
不會 [부회] 모르다, 잘못한다
着急 [쟈지] 급하게, 그하지
殼 [꾸] 찻다, 족하다
不殼 [부쒀] 차지 못함, 부족하다
錯 [춰] 올타, 틀임업다, 좃타
對了 [뒈라] 맛소, 올타, 맛다
乾净 [깐징] 쌧긋하다
躺〔躺〕[탕] 눕다, 눕는다

念 [넨] 읽다, 외우다
已經〔經〕[이징] 발셔, 어느덧
東西 [둥시] 물건, 욕할 째 자식
就 [쥬] 즉, 곳
法子 [얘쯔] 방법, 할 수
没有法子 [매위얘쯔] 할 수 업소, 방법이 업소
的 [듸] 것, 가, 의
花 [화] 쓰다, 업새다
太 [태] 매우, 심히
表 [뱌] 시게
也 [예] 도, 역시
呢 [늬] 늬, 느냐
纔 [채] 직금, 인제, 금방
要 [야] 요구

第一課　你我他

(主) 你是誰？[늬쓰쉬]
로형은 누구요？
(客) 我是送報的。[워쓰숭반듸]
나난 빈달이올시다.
(主) 他是那兒的人？[타쓰나얼듸 신]
져 사람은 어댓 사람이오？
(客) 他是這兒的人。[타쓰져얼듸 신]
져는 여기 사람이오.
(主) 你們家都好啊？[늬먼쟈뚜핫아]
로형들 집은 다 무고흐시오？

(客) 我門〔們〕家都好。[워먼쟈 뚜핫]
우리들 집은 다 좃슴니다.
(主) 他們上那兒去？[타먼썅나얼 취]
져이들은 어듸로 감니가？
(客) 咱們一樣走(一塊兒走)。[자먼이양쥬(이쾌얼쥬)]
우리들과 함께 감니다.
(主) 這個是我們的。[져거쓰워먼듸]
이것은 우리 거시오.
(主) 那個不是你們的。[나거부쓰

늬먼듸]
져것은 당신늘 [들] 것이 아니오.
(客) 這個是他們的, 拿去罷。[져거쓰타먼듸나취바]
이것이 져분들 것이니 가져가시오.

你坐這邊兒。[늬쭤져벤얼]
로형은 여기 안즈시요.
我坐那邊兒。[워쭤나벤얼]
나는 그편 쪽에 안겟소.
他坐那邊兒? [타쭤나ㅣ벤얼]

져분은 어느 쪽에 안즐가요
他在那兒? [타지나ㅣ얼]
져분은 어듸 잇쇼?
我在這兒。[워지져얼]
나 여기 잇쇼.
爲甚魔〔麽〕在那兒呢? [위슴마지나얼늬]
웨 그곳에 게심니가?
您請這邊來。[닌칭저벤릭]
로형은 이쪽으로 오시요.

第二課　這個那個

(甲) 這個不是您的帽子麽? [져거부쓰닌듸만쓰마]
이것이 당신 모즈 안임니가?
(乙) 那個帽子呢? [나ㅣ거만쓰늬]
어느 모자오니가?
(甲) 就是這個帽子。[쥬쓰져거만쓰]
곳 이 모자올시다.
(乙) 不是, 這個是你的。[부쓰져거쓰늬듸]
아니요. 이것은 당신 것이요.
(甲) 那個呢? [나거늬]
그것은요?
(乙) 這個是我的。[져거쓰워듸]
이것은 나의 것이요.
(甲) 不是他的麽? [부쓰타듸마]
져의 것이 아닙니가?
(乙) 不是, 昨天我街上買的。[부쓰쭈텐워졔앙매듸]
아니요. 어제 내가 거리에서 삿쇼.
(甲) 這兒兩個都拿去罷。[져얼량거두나취바]
이 두 개 다 가져가시오.
(乙) 那些個拿去做甚麽? [나쎼거나취쭈슴마]
그것들 가져다 무엇함니가?
(甲) 做甚麽都好罷。[쭈슴마두핫바]
무엇하든지 다 죠치요.
(乙) 那麽着, 我拿去。[나마져워나취]
그러면 내가 가져가지요.
(甲) 你多咱回來麽? [늬둬짠휘래마]
당신 언제 도라오시럄이가?
(乙) 我呀, 晚上回來。[워야완썅휘

래]
나요 전역에 도라오지요.
(甲) 你別撒謊, 準來罷。[늬볘쌍
[싸] 황쭌래바]
당신 거진말 말고 쏙 오시오.

第三課　這兒那兒

(子) 爹呀, 這兒有甚麼？ [데야져얼 위슴마]
아바①야 여기 무엇 잇슴이가？
(父) 你那兒做甚麼？ [늬나얼줘슴마]
네가 거기셔 무엇 하난냐？
(子) 我在這兒吃點心。[워재져얼 여치뎬씬]
내가 여기셔 과자를 먹쇼.
(父) 那個點心那兒買的呢？ [나거뎬씬나얼매듸늬]
그 과자를 어대셔 산난냐？
(子) 前邊兒果子店買的。[쳰볜얼 궈쯔뎬[뎬] 매듸]
압해 과자졈에셔 삿쇼이다.
(父) 誰給你錢？ [쉬게늬쳰]
누가 너를 돈 쥬든냐？
(子) 嗎〔媽〕嗎〔媽〕給我的。[마마게워듸]
어무니가 내게 쥬엇쇼이다.
(父) 你嗎〔媽〕那兒去了？ [늬마나얼취라]
너의 어무니가 어대 갓난냐？
(子) 嗎〔媽〕嗎〔媽〕上街上去了。[마마쌍졔쌍취라]
어무니가 거리로 갓쇼.
(父) 你怎麼不去了麼？ [늬졈마부취라마]
너는 엇재 아니 갓난냐？
(子) 我不愛那兒去。[워부애나얼취]
나는 거기 가기를 죠와 안쇼.

第四課　紙鋪

(客) 這一張紙多少價錢？ [져이쟝 쯔뒤쌰쳰]
이 죵희 한 쟝에 갑시 얼맘니가？
(主) 大的三毛、小的兩毛五賣的了。[따듸싼맏쌰듸량맏우매듸라]
큰 것은 삼십 젼이고 적은 것은 이십오 젼에 파랏쇼.
(客) 厚的沒有？ 這是很薄的。[훢듸메우져쓰흔바듸]
두터운 것 업쇼？ 이것은 매우 열구려①.

---
① 아바: 爹. 아버지.

(主) 没有厚的, 就這一樣兒了。[메 위휘듸쥐져이양얼라]
두터운 것은 업쇼. 곳 이 한 가지쑨 이외다.
(客) 有厚的要緊, 薄的不要。[위휘 듸얀진밭듸부얀]
두터운 것이 요긴하오. 열분 것은 슬 쇼.
(主) 有厚的幾張, 這是没有乾净的。[위허듸지쟝져쓰메윗깐징 듸]
두터운 것이 멧 쟝 잇쇼. 이거슨 쌔

굿지 못하오.
(客) 拿來, 我看一看。[나래워칸이 칸]
가져오시오. 내가 봅시다.
(主) 你看看罷, 這是去年的, 很舊了。[늬칸々바져쓰취녠듸흔쥬 라]
로형 보시오. 이것은 작년 거시 되야 매우 날것쇼.
(客) 呵呀, 實在了。[아야쓰재라]
아이구 참 그럿쿠려.

第五課　貴姓

(甲) 您貴姓? [닌쒜싱]
뉘 댁이심니가?
(乙) 賤姓李。[쟨싱리]
내 성은 李가요.
(甲) 請教貴名字。[칭쟈쒜밍쯔]
청컨대 명자를 가르처 쥬시오.
(乙) 我名字叫三龍。[워밍쯔쟈싼륭]
내 일홈은 三龍이라 하오.
(甲) 你是叫甚麽名字? [늬쓰쟈슴마밍쯔]
로형의 일음은 무어라 하오?
(乙) 好説, 我名字成學。[핫쉐워밍 쯔청쑈]
죠흔 말이요 내 일홈이 셩학이요.
(甲) 先生, 今年多大歲數兒? [쌘

엉진녠둬따쉐슈얼]
先生 금년 세 얼마시오니가?
(乙) 我虛度三十五歲了。[워쒸쭈 싼씌우쉐라]
헛된 나이 삼십오 세요.
(甲) 久聞大名了。[쥬운따밍라]
오래 놉흐신 일홈을 모셧슴니다.
(乙) 彼此一樣。[삐쯔이양]
피차일반이외다.
(甲) 貴處是那一國? [쒸추쓰나이 궈]
당신은 어느 나라에 게시오?
(乙) 弊〔敝〕處是中國奉天。[삐 추쓰즁궈벙텐]
폐처는 中国 봉쳔이요.

---

① 열구려: 薄. 얇구려.

(甲) 貴昆中〔仲〕幾位? [쥐쿤즁지위]
멋 형데 분이시오?
(乙) 我們弟兄三個。[워먼듸숭[슝]싼거]

우리가 三 형데올시다.
(甲) 尊行排幾? [준항패지]
멧재 분이시오?
(乙) 我居長。[워쥐쟝]
내가 마지올시다.

第六課　天氣

(問) 今天天氣怎麼樣? [진톈톈치 졈마양]
오날 일긔가 엇더함니가?
(答) 今兒天氣不錯。[진얼톈치부춰]
오날 일긔가 괜찬슴니다.
(問) 不是昨兒天氣冷了麼? [부쓰쥐얼톈치렁라마]
어제 일긔①가 춥지 안엇슴니가?
(答) 不是, 昨天天氣暖和了。[부쓰쥐톈톈치난훠라]
아니요. 어제 일긔가 짯듯ᄒ엿슴니다.
(問) 今兒颳風沒有? [진얼꽈영메위]
오날 바람이 부지 안슴니가?
(答) 今兒颳風, 土大得很。[진얼꽈영투따더흔]
오날 바람이 부러 몬쥬②가 되단ᄒ

오.
(問) 上天黑了沒有? [썅톈희라메위]
하날이 검지 안슴니가?
(答) 黑雲彩鬧起來了。[희윈치나오치라이라]
검은 구름이 피여 니러남니다.
(問) 這幾天天氣沒一準兒。[져지톈톈치메이준얼]
요스이 일긔가 흔글갓지③ 안소.
(答) 啊呀, 下着暴雨。[아야싸져퍄(퐈)위]
아이〈子〉구, 폭우가 옴니다.
(問) 這兩天, 道怎麼樣? [져랴[량]톈딶졈마양]
요스이 길이 엇덧슴니가?
(答) 道兒上實在是不好走。[다오얼쌍시자이쓰부하오쥐]
길애 실상 단이기 죠치 못ᄒ오.

---
① 일긔: 天氣. 일기, 날씨.
② 몬쥬: 土. 먼지.
③ 흔글갓지: 一準兒. 한결갓지.

(問) 我們在這兒暫且辟雨罷. [워먼지졀얼딴체씨워바]
우리는 여기서 잠간 비를 피합시다.
(答) 等着一會兒, 天快晴了罷. [덩저이회얼텐쾨칭라바]
좀 기다리면 쟝츠 날이 기이겟지요?
(甲) 今兒天氣怎麼樣? [진얼텐치졈마양]
오날 일긔 엇더함니가?
(乙) 今兒天氣不大很好. [진얼텐치부따혼화]
오날 일기가 그리 좃치 안소.
(甲) 有風沒有? [유웽메유]

바람이 업슴니가?
(乙) 現在颳南風了. [쎈지꽈난웽라]
지금 남풍이 부오.
(甲) 啊, 颳風冷得很. [아꽈웽렁더흔]
아 바람이 부러 미우 칩쇼.
(甲) 您關上窗戶罷. [닌꽌썅챵후바]
로형 창을 다드시오.
(乙) 我怕打雷關不上門罷. [워파따레꽌부썅먼바]
나난 벼락 칠가 무서워 문 못 닷겟슴니다.

第七課　早找友

(客) 王先生起來了沒有? [왕쎈엥치릐라메유]
왕 선싱이 이러나지 안엇슴니가?
(下人) 他脱了衣裳躺着. [타퉈라이썅탕져]
그가 옷 벗고 누엇슴니다.
(客) 他不能起來麽? [타부녕치릐마]
그가 이러나지 못할가요?
(下人) 等一會兒他就起來. [덩이회얼타쥬치릐]
그가 곳 이러나실 터이이 기다리시오.

(客) 你快去説一説怎麼樣? [늬쾌취쉬이쉬졈마양]
당신이 곳 가셔 말흐난 것이 엇덤니가?
(下人) 你快起來穿上衣裳罷. [늬쾌치릐촨썅이썅바]
당신은 속히 이러나 옷 입으시오.
(王) 誰來了? [쉬릐라]
누가 왓쇼?
(下人) 東門裏金先生來了. [쭝먼리진쎈엥릐라]
동문 안 김 선싱이 왓슴니다.

第八課　買卵

(甲) 你買了鷄卵〔蛋〕没有？［늬매라즤단메유］
로형 계란 사지 안앗쇼?
(乙) 買了(買過了)。［매라(매쒀라)］
삿슴니다.
(甲) 買了多少個？［매라둬쏘거］
몃 기나 삿쇼?
(乙) 買了二十個。［매라얼씌거］
슴으 기 삿슴니다.
(甲) 你是在那兒買的？［늬쓰짜나얼매듸］
로형은 어듸셔 삿슴니가?
(乙) 都是在城外鋪子裏買的。［쭈쓰짜청왜푸쯔리매듸］
모다 셩 밧 가긔에셔 삿슴니다.
(甲) 城外鋪子裏還有没有？［청왜푸쯔리히유메유］
셩 밧 가긔에 아직도 잇슴니가?
(乙) 都賣完了罷。［쭈믜 완라 바］
다 파랏겟지요.

第九課　買帽

(甲) 這個帽子在鋪子裏買的麼？［져거마쯔짜푸쯔리매듸마］
이 모자를 상졈에셔 삿슴니가?
(乙) 不是, 當屋買的。［부쓰당우매듸］
아니요. 전당국에셔 삿쇼.
(甲) 這個刀子呢？［져거단쯔늬］
이 칼은 어대셔 삿쇼?
(乙) 那是洋行買的。［나쓰양항매듸］
그것은 양힝에셔 삿소.
(甲) 多少銀子買的？［둬쑈인쯔매듸］
을마에 사셧슴니가?
(乙) 三塊大洋買的。［싼꿰짜양매듸］
大洋三圓에 삿소.
(甲) 這是很賤了。［저쓰흔진라］
이것은 매우 싸오.
(乙) 不錯, 樣子又合時。［부춰양쯔여허쓰］
과인찬나, 모양도 또 시체①요.
(甲) 這個帽子, 我看, 做的又凉快。［져거마쯔워칸쮜듸여량쾌］
이 모즈가 늬 보기에 경첩ᄒ게 되엿쇼.

---

① 시체: 合時. 시체(時體). 그 시대의 풍습이나 유행.

(乙) 我還有一個, 你要不要? [워히우이거늬야부야]
내게 또 훈 기 잇쇼. 당신 쓰겟쇼 아니 쓰겟소?
(甲) 我要, 拿來看看。[워야나릭칸ㄎ]
내가 쓰려 흐오니 가져오시오 봅시다.
(乙) 不看也合時。[부칸예허쓰]
보지 안어도 시체요.

第十課　故友賣買

(甲) 大哥在家麼? [따꺼짓쟈마]
형님 딕에 계십니가?
(乙) 李大哥回來了? [리따꺼회릭라]
리 형 도라오셧슴니가?
(乙) 你多咱回來了? [늬둬잔회릭라]
노형 언제 오셧슴니가?
(甲) 回來了好些個日字〔子〕了。[회래라핫쎄거싀쯔라]
도라온 지 수일 되엿슴니다.
(甲) 你們多咱搬這兒了麼? [늬먼둬잔쌘져얼라마]
로형 언제 이리로 반이하셧슴니가?
(乙) 是三月搬這兒來的。[쓰싼웨쌘져얼릭듸]
네, 삼월에 이리로 반이하엿슴니다.
(乙) 大哥, 清〔請〕坐清〔請〕坐。[따꺼칭줘칭쥐]
형님 안즈세요.
(甲) 謝謝, 這幾天買賣怎麼樣? [세세져지텬매미점마양]
고맙소. 요수이 쟝사 엇더함니가?
(乙) 不大很好。[부따흔핫]
그리 죠치 못함니다.
(乙) 你坐車來了麼? [늬쥐처릭라마]
형님 차 타고 오셧슴니가?
(甲) 不是, 坐船來了。[부쓰쥐촨릭라]
아니오. 빅 타고 왓슴니다.
(乙) 火輪船了麼? [훠룬촨라마]
화륜션이오니가?
(甲) 不錯。[부춰]
그럿쇼.
(乙) 你販來的貨是甚麼呢? [늬쌘릭듸훠쓰슴마늬]
로형 가지고 온 물건은 무엇이오니가?
(甲) 都是皮貨了。[쭈〈쓰〉피훠라]
젼여 피물이오.
(乙) 都賣完了没有? [쭈미완라메위]
다 파지 안엇슴니가?
(甲) 還没賣完了。[히메미완라]

아직 다 파지 못하엿습니다.
(甲) 你們令兄現在做甚麼買賣呢?
　　[늬먼링쑹쎈지줘슴마매미늬]
로형의 빅씨는 지금 무슨 쟝사를 하
　시오?
(乙) 哥哥也在上海開糧食店。[꺼
　ㄱ예지양히 키량읟뎬]
형님도 상히에서 양식점을 하고 □□
　□□〈잇슴니다〉.
(甲) 令弟現在做甚麼呢? [링듸쎈
　지줘슴마늬]
동싱은 지금 무엇함니가 ?
(乙) 舍弟在本國伺候雙親念書了。
　　[써듸지쌘궈츠훠쐉친녠슈라]
舍弟①는 본국에서 량친을 모시고 공
　부하오.
(甲) 你來韓國幾年呢? [늬릭한궈
　지녠늬]
로형이 한국 온 지 멧 히요 ?
(乙) 纔到兩年了。[치다량녠라]
겨우 兩年이외다.
(乙) 今年貴處莊稼怎麼樣? [진녠
　귀추쟝쟈점마양]
금년 귀지 롱사 형편이 엇더ᄒᆞ오 ?
(甲) 今年不錯的。[진녠부춰듸]
금년 고이치 안어요.

第十一課　買麪去

(主) 上街上去買粉來。[썅졔썅취
　매얜릭]
거리에 가셔 밀가루 사오시오.
(下人) 給我錢罷。[께워쳰바]
돈 쥬십시오.
(主) 給你錢, 拿去罷。[께늬쳰나취
　바]
당신을 돈 줄 터이니 가져가오.
(下人) 買一口袋麼? [매이쿠듸마]
한 부듸만 사릿가 ?
(主) 買兩口袋罷。[매량쿠듸바]
두 부대만 사시오.
(下人) 拿甚麼票? [나슴마퍈]
무슨 표를 가져올가요 ?
(主) 三鷹一口袋, 二鷹一口袋罷。
　　[쌍 [싼] 잉이쿠듸얼잉이쿠듸바]
三응 흔 부대와 이응 흔 부듸 가져오
　시오.
(下人) 三鷹是現在很貴, 買不了。
　　[싼잉쓰쎈지흔쉬매부랼]
삼잉은 지금 빗사셔 사지 못함이다.
(主) 那是都你隨便罷。[나쓰쭈늬
　쉬밴바]
그것은 로형 자량듸로 ᄒᆞ시오.

---

① 舍弟: 舍弟. 가제. 남에게 자기의 아우를 겸손하게 이르는 말.

第十二課　來朋友

(主) 你納往那兒去來着？［늬나왕나얼취릭져］
노형 어대 갓다 오심니가？
(客) 我往一個朋友家去來着。［워왕이거펑유쟈취릭져］
나는 동무 집에 갓다 옴니다.
(客) 你納在這兒住着麽？［늬나지져얼주져마］
로형은 여기 사심니가？
(主) 是, 新近搬了來的。［쓰신진쌴라릭듸］
네. 시로 이사 왓슴니다.
(主) 你納清〔請〕上坐着罷。［늬나칭썅줘져바］
로형올나와 안즈시요.
(客) 多謝多謝, 這兒坐着一樣。［둬셰둬셰져얼줘져이양］
감스ᄒ오. 여기 안져도 한가지오.
(主) 家裏人呢, 拿茶水來。［쟈리신늬나차쉬릭］
집사람아, 찬물 가져오게.
(客) 大哥我不喝水, 嘴裏長了口瘡了。［따꺼워부허쉬줴리창랴컫창라］
형님, 나는 차 못 먹겟슴니다. 입에 구창이 낫슴니다.
(主) 若是這麽着, 就快掌〔拿〕烟罷。［줘쓰져마져쥑쾌나옌바］
그러면 곳 담비 가져오게.
(主) 大哥, 您請抽烟罷。［따꺼닌칭춰옌바］
형님 당신은 청컨듸 담비 잡수시요.
(客) 謝謝, 這是甚麽烟？［셰々져쓰슴마옌］
감스ᄒ오. 이것은 무슨 담비오？
(主) 這是叫合達門票。［져쓰쟈하다먼표］
이것은 합달문표올시다.
(客) 那一個公司做的？［나ㅣ거궁쓰줘듸］
어느 會사에셔 만드난 것임니가？
(主) 北京烟草兒公司做的。［베징앤쟈［챠］얼궁쓰줘듸］
북경담비 회사에셔 만드럿쇼.
(客) 言〔這〕個烟很好。［져거옌흔환］
이 담비난 미우 좃슴니다.
(主) 不錯的。［부춰듸］
괴이치 안어요.
(客) 我已經認得府上咯, 改天再來。［워이징신더뿌썅러씨텐지릭］
내가 발서 집을 아라스니 후일 쏘 오지오.

第十三課　找遠方友

(主) 你到這兒幾兒了？〔늬단져얼지얼라〕
로형은 여기 언제 오섯쇼?

(客) 我到這兒好些日字〔子〕了。〔워단져얼환쎄시쓰라〕
나난 여기 온 지 여러 날 되얏쇼.

(主) 您納來了, 我總没聽見説。〔닌나리라원쭝메팅진쉬〕
로형 오신 것은 내 듯지 못ᄒ엿쇼.

(客) 誰也不知道罷。〔쉬예부지단바〕
누구든지 모르리다.

(主) 若聽見我也早來瞧來了。〔웨팅쟌워예쟌릭챤릭라〕
만일 드럿드면 나도 일즉 와서 뵈엿겟쇼.

(客) 多謝多謝您的説。〔둬세둬세닌듸쉬〕
당신 말삼이 감사ᄒᆞᆸ니다.

(主) 你們的地方在那兒？〔늬먼듸듸앵지나얼〕
로형의 시골은 어듸시오니가?

(客) 在三南所屬的地方兒。〔직싼난쒸쑤듸듸앵얼〕
三南에 붓튼 지방이올시다.

(主) 忠清道麽？〔충칭단마〕
츙쳥도오니가?

(客) 不是, 是慶尚道。〔부쓰쓰킹샹단〕
아니요. 경상도올시다.

(主) 今年那兒的莊稼如何？〔진녠나얼듸쟝쟈수허〕
금년 그곳 롱형①은 엇덧슴니가?

(客) 很好, 豊〔豐〕盛大收了。〔흔환영성ᄶᅡ쒸라〕
미우 죳소 풍년 드러 잘 거두엇쇼.

(主) 不是先説潦了麽？〔부쓰쎈쉬랸라마〕
먼져 수히가 잇다고 말삼 아니ᄒᆞ엿쇼?

(客) 那都是謠言, 信不得。〔나쭈쓰얀엔신부더〕
그것은 모도 낭설이라 드를 수 업소.

(主) 自然是真。〔쯔산쓰젼〕
자연 그럿치요.

(主) 白米的價兒怎麽樣？〔비메[미]듸쟈얼점마양〕
빅미 갑슨 엇더함니가?

(客) 白米的價兒十分便宜。〔비메[미]듸쟈얼쒸왠펜이〕
쌀갑은 미우 좃슴니다.

(主) 一斗米多少錢？〔이쩌메[미]둬쌴쳰〕
한 말에 얼마오니가?

---
① 롱형: 莊稼. 농형(農形). 농사가 잘되고 못된 형편.

(客) 兩塊錢一斗, 許多年没有這麽 賤。[량쾌쳰이쭈쉬뒤녠메위져마진]
이 원에 흔 말이니 근년에 이러케 싼 이리 업슴니다.

第十四課　找朋友

(甲) 借光您納。[졔광넌나]
용셔하시요. 로형.
(乙) 啊, 李先生來了麽? [아리쎈엉릐라마]
아 리 션생 오셧슴니가?
(甲) 少見少見, 好啊您納? [샾진샾 햔화아넌나]
오릭 못 뵈엿쇼. 로형 엇더시요?
(乙) 托福都好。[튀우쭈화]
덕틱에 다 평안함니다.
(乙) 請進屋裏來坐坐罷。[칭진우리라쥐ㄣ바]
쳥컨대방으로 드로오시요.
(甲) 你們學堂考試都完了没有? [늬먼샾탕캎싀쭈완라메위]
로형들 학교에서 시험 다 보셧슴니가?
(乙) 考試完了好些日字〔子〕。[캎쉬 [싀] 완라핳세이 [ㅅ] 쯔]
시험 지난 지 메츨 되엿슴니다.
(乙) 你怎麽這麽閑着呢? [닌졈마져마쎈져늬]
로형은 웨 이리 한가하시오?
(甲) 今天不是禮拜麽? [친톈부쓰 릐빈마]
오날은 공일이 아니오니가?
(乙) 今兒教堂去過了没有? [진얼 쟢탕취꿔라메위]
오날 교당에 갓다 오지 안엇슴니가?
(甲) 去過了。[취꿔라]
갓다 왓쇼이다.
(乙) 你們多咱開學麽? [늬먼둬잔 킈쏱마]
당신들은 언제 개학함니가?
(甲) 本月初七開學。[쌘워추치쾌 쏱]
이달 초칠일 개학함니다.
(乙) 你今天有工夫没有? [늬진톈 위궁왂메위]
로형 오날 겨르리 업슴니가?
(甲) 我也今天没有事情。[워예진톈메위쓰칭]
나도 오날은 일이 업소이다.

第十五課　上學堂

(甲) 王少爺, 你上那兒去呢? [왕쌮 예늬쌍나ㅣ얼취늬]
왕 싱원 당신 어듸 가시오?
(乙) 我上學堂去。[워쌍쒜탕취]

나는 학교로 가오.
(甲) 你們的學堂在那兒？［늬먼듸 쉐탕읏나얼］
당신네 학교가 어듸 잇슴니가？
(乙) 我們學堂在東大門裏的。［워먼쉐탕직쭝따먼리듸］
우리 학교난 동대문 안에 잇쇼.
(甲) 你們學堂甚麽名兒呢？［늬먼 쉐탕슴마밍얼늬］
당신 학교 일흠이 무어심니가？
(乙) 叫醫學專門學校。［쟌이샨쫜 먼쉐쨧］
의학전문학교라 합니다.
(甲) 每天甚麽時候兒用工？［메텬 슴마싀훠얼융꿍］
민일 어느 시에 공부를 함니가？
(乙) 早起十點鐘纔開講。［쫘치싀 뎬중치캐걍］
아츰① 열 점에 비로쇼 개강ᄒᆞ오.
(甲) 每天幾點鐘散哪？［메텬지텬 ［뎬］줌싼나］
민일 멧 시에 산함니가？
(乙) 每天到了午後三點鐘散哪。 ［멘텬단라우훠싼뎬쭁싼나］
민일 오후 세 시가 되면 산하오.
(甲) 你們的教習有幾位？［늬먼듸 쟌씨우지위］

당신들의 교수가 멧 분이오니가？
(乙) 教習有二十多個人。［쟌씨우 얼싀둬거인 ［신］］
교사는 이십여 명이올시다.
(甲) 你們一個月的月敬多少？［늬 먼이거웨듸웨영둬쌷］
당신들 흔 달 월사가 얼마오니가？
(乙) 每月五塊金票。［메웨우쾌진 퍈］
민월 오 원이외다.
(甲) 你學過幾年的工夫？［늬쑈쒀 지넨듸꿍얓］
로형은 멧 해나 보여 왓쇼？
(乙) 差不多有三年。［차부둬우싼 녠］
삼 년밧게 안됩니다.
(甲) 學過幾年畢業呢？［쑈쒀지넨 쎄예늬］
멧 해나 뵈이면 졸업ᄒᆞ시오？
(乙) 定的是四個年畢業的。［띵 듸쓰쓰거녠쎄예듸］
작정은 四 기 년 졸업이올시다.
(甲) 不久的工夫兒就放學了罷？ ［부욷듸꿍얓얼쥬팡쉐라바］
오라지 안아서 곳 방학이겟지요？
(乙) 是, 不久了。［쓰부욷라］
네, 오라지 안쇼이다.

---

① 아츰: 早起. 아침.

第十六課　車站

(兄) 小順, 你知道車站麼？[샾슌 늬지단처잔마]
소순아, 네가 정거장을 아난냐?

(弟) 我不知道, 做甚麼地方？[워부지단쭤슴마디앙]
나는 모르오. 무얼 하난 곳인지요?

(兄) 火輪車站着的地方就叫車站。[훠륜처잔져듸디앙쥬쟈오처잔]
긔차 멈추난 곳을 정거장이라 하오.

(弟) 火輪車是甚麼東西？[훠륜처쓰슴마둥시]
긔차는 무슨 물건이오?

(兄) 你還不知道火輪車麼？[늬히부지단훠륜처마]
네가 아즉도 화차를 모르난냐?

(弟) 啊, 南大門外汽車就是火輪車麼？[아난짜먼왜치처쥬쓰훠륜처마]
아, 남대문 외 긔차가 곳 화차오니가?

(兄) 是, 對, 那個了。[쓰, 뒤, 나거라]
응, 올타, 그것이다.

(弟) 車站的地方兒有賣票的麼？[처잔듸디앙얼우미퍄듸마]
정거하난 곳에 표 파난 곳이 잇슴니가?

(兄) 有, 怎麼沒有呢？[우, 점마메우늬]
잇쇼. 웨 업겟쇼?

(弟) 大哥, 我們坐車龍山去罷。[따거워먼줘처룽싼취바]
형님, 우리가 차를 타고 룡산 갑시다.

(兄) 小順, 給你錢買票罷。[샨순께늬쳰미퍄바]
소순아, 돈 줄 터이니 표 사라.

(弟) 大哥, 買幾等車票呢？[따거매지덩처퍄늬]
형님, 멧 등 車표 살가요?

(兄) 你隨便兒買的罷。[늬슈볜얼매듸바]
네 싱각듸로 사라.

(賣票) 您要幾等車？[닌야오지덩처]
로형이 멧 등을 타럄시니가?

(小順) 上等的價錢很貴, 所以要坐下等車。[쌍덩듸쟈쳰흔뀌쉬이야쥐쌰덩처]
상등은 갑시 빗사셔 하등을 타려 함니다.

(賣票) 下等是人很多, 不是混雜麼？[쌰덩쓰인[신]흔둬부쓰훈쟈마]
하등은 사람이 만흐니 혼잡지 안슴니가?

(小順) 那麼給中等的票罷。[나마쌔중덩듸퍄바]
그러면 중등표를 쥬시요.

(賣票) 你上那站到呢？[늬쌍나잔단늬]
로형 어느 정거쟝으로 가오?

(小順) 開龍山票罷。[키룽싼퍄바]
룡산표 쎼시오.

(賣票) 拿五個銅錢〔子〕兒。〔나우거퉁쯔얼〕
오 젼 내시오.
(小順) 中等票五個錢〔子〕兒麼? 〔즁등퍄우거즈얼마〕
즁등표가 오 젼임니가?
(賣票) 不, 不, 忘了, 一毛錢。〔부부왕라이마오쳔〕
아니 아니, 이젓쇼. 십 젼임니다.
(小順) 給你一毛錢。〔게늬이마오쳔〕
십 젼 밧으시오.
(兄) 車來了, 你買車票了麼? 〔쳐래랴늬미쳐퍄오라마〕
차 왓다. 네 차표를 삿나냐?
(弟) 買了兩張了。〔매랴량쟝라〕
두 쟝이나 삿슴니다.
(兄) 現在搖鈴了, 不是要開車麼? 〔쏀지야오링라부쓰야오키쳐마〕
지금 요령① 소리 낫쇼. 차가 곳 써나겟지요?
(弟) 可不是麼, 我們快上車罷。〔커부쓰마워먼쾌샹쳐바〕
웨 그럿치 안켓쇼. 우리난 곳 車를 탑시다.
(兄) 他們都是送行的。〔타먼쭈쓰쑹싱듸〕
져들은 다ㅣ 젼송ᄒᆞ난 이들이오.
(兄) 我們也到龍山或有迎接的罷。〔워먼예다오룽싼후오잉졔듸바〕
우리도 룡산 가면 혹 영졉ᄒᆞ난 이가 이스리라.
(引客) 大哥, 你行李多不多? 〔짜거늬싱리둬부둬〕
형님 행구가 만슴니가 적슴니가?
(大順) 不多, 就有那一個皮箱。〔부둬쥐우나이거피샹〕
만치 안쇼. 곳 져 피샹자 ᄒᆞ나이요.
(引客) 那麼叫苦力送去罷? 〔나마쟈오쿠리쑹취바〕
그러면 하인 불너 보내리가?
(不〔大〕順) 不要, 我們弟兄自己帶去。〔부야오워먼듸슝쯔지떠취〕
슬쇼. 우리 형졔가 지고 가지요.
(弟) 大哥, 戴紅帽子來來往往的是幹甚麼的? 〔따거ᄯᅵ홍마으래래왕왕듸쓰깐슴마듸〕
형님, 홍모자 쓴 이가 왓다갓다 하니 이것은 무엇 ᄒᆞ난 사람이오?
(兄) 他們都給客人運行李的。〔타먼쭈게커신웬싱리듸〕
그네들은 다ㅣ 손님의 힝리를 운반 ᄒᆞ난 者요.

第十七課 到客棧

(金) 這是三盛棧麼? 〔져쓰싼셩짠마〕
이것이 三셩산이오니가?

---
① 요령: 搖鈴. 방울.

(下人) 是, 你找誰啊？ [쓰늬쟈쉬아]
네, 당신이 누구를 차즈시오?
(金) 這幾天, 奉天王先生來了沒有? [져지텐펑텐왕쎈엉 래라메유]
요스이 봉천 왕 선생이 오시지 안엇슴니가?
(下人) 來了。你是那兒來的? [래라 늬쓰나얼래듸]
왓슴니다. 당신은 어듸셔 왓슴니가?
(金) 我也奉天來了。[워 예펑텐 래라]
나도 봉천셔 왓쇼.
(下人) 啊, 你不是王先生的朋友麽? [아늬부쓰왕쎈엉듸펑유마]
아, 로형이 왕 션싱의 붕우가 아님니가?
(金) 是, 對了。[쓰 뒤라]
네, 올슴니다.
(下人) 請您進屋裏〔裡〕來。[칭 닌진우리래]
쳥컨듸 로형은 방으로 드러오시오.
(金) 謝謝, 我要見王先生。[쎼쎼 워 야진왕쎈엉]
고맙쇼. 늬가 왕 션싱을 보고자 하오.
(下人) 這是甚麽哪? [져쓰슴마나]
이것은 무엇이오니가?

(金) 這是王先生的行李。[져쓰왕 쎈엉듸싱리]
이것은 王 션싱의 행구요.
(下人) 等着一會兒罷。[덩져이회 얼바]
잠시 기다리시오.
(下人) 王老爺, 您的行李來了。[왕 랍예닌듸싱리래라]
왕 영감 당신 행구①가 왓슴니다.
(王) 啊, 很好。誰來了沒有? [아 흔환쉐래라메유]
아, 미우 좃쇼. 누가 오지 안앗쇼?
(下人) 來了一位, 他姓金的。[래라 이위타싱진듸]
한 분이 왓슴니다. 그는 金氏외다.
(王) 啊, 姓金的來了? [아싱진듸릭 라]
아, 김씨가 왓쇼?
(王) 他怎麽不進來呢? [타졈마부 진래늬]
그가 웨 드러오지 안쇼?
(下人) 他在外套〔頭〕等你了。[타지왜투덩늬라]
그가 밧게셔 당신을 기다립니다.
(王) 他在外套〔頭〕做甚麽哪? [타지왜투쮜슴마나]
그가 밧게셔 무엇 ᄒᆞ오?
(下人) 他在車上坐着了。[타지처 썅쮜져라]

---
① 행구(行具): 行李. 행장. 짐.

그는 차 우에 안젓소.

(王) 他在那兒呢? [타지나얼늬]

그가 어듸 잇쇼?

(下人) 他在門口兒。[타지먼쿠얼]

그가 문 밧게 잇쇼.

(主) 啊, 金先生來了, 身〔辛〕苦身〔辛〕苦。[아진쎈엉릭라신쿠신쿠]

아, 김 션싱 오셧슴니가? 수고ᄒ엿슴니다.

(金) 來了, 你是多咱到這兒了麽? [릭라늬쓰둬잔댝져얼라마]

왓슴니다. 로형은 언제 이리 오셧슴니가?

(王) 我呀, 昨天到這兒了。[워야쥑텐댝져얼라]

나요, 어제 여기 왓슴니다.

(金) 您的行李我拿來了。[늬듸싱리워나릭라]

당신의 힝구를 내가 가져왓쇼.

(王) 多謝多謝, 那箱子麽, 數過了沒有? [둬쎼둬세나썅쯔늬수궈라메위]

고맙슴니다. 로형이 그 샹자를 혜여 보셧슴니가?

(金) 數了, 大小通共六件。[수라쌰샨퉁궁륙진]

혜엿난듸 대쇼 병ᄒ여 여섯이오.

(王) 那裏有那麼些, 拍〔怕〕不是都是我的。[나리우나마쎄파부쓰ᄯ쓰워듸]

거기 그러케 만한가 모다 내 것이 아니겟지.

(金) 王老爺的箱子幾隻記得不記得? [왕랍예듸썅쯔지지더부지더]

왕 션싱의 상자가 멧 개신지 짐작ᄒ시겟슴니가?

(王) 有三隻皮箱, 一隻木箱, 還有鋪盖〔蓋〕, 還有零碎包兒一件, 共總六樣兒。[위싼지피썅이지무썅희위푸기 희위링쒜봐얼이진쑹중륙양얼]

피샹자 세 키 목샹자 ᄒᆞᆫ 기 잇고 ᄯᅩ 이부자리 잇고 ᄯᅩ 잡동산이 보통이[1] 두 기기[가]잇셔 모다 여섯 기요.

(金) 淸〔請〕您出來看看, 那個是你的? [칭닌추릭칸〻나ㅣ거쓰늬듸]

쳥컨대 로형 나와 보시오. 어느 것이 로형 것인지요?

(王) 好了。那車錢呢, 還得給多少? [할라나쳐쳰늬해더쎄둬샵]

좃쇼. 그 수레 갑은 얼마나 쥬엇쇼?

(金) 那大車都是三塊錢。[나쨔처ᄯ쓰싼쾌쳰]

저 근〔큰〕 수레에 모다 삼 원이오.

(王) 等一會兒, 我同那些金先生筭

---

① 보통이: 包兒. 보통이. 물건을 보에 싸서 꾸려 놓은 것.

請〔清〕了給他車夫。[덩이회얼 워퉁나쎄진쎈엉쫜칭라쎄타처뿨]
기다리시오. 내가 김 션싱 것신지 쳥산호야 져 차부를 쥬겟쇼.

第十八課　客棧裏

(客) 掌櫃呀, 這幾天很冷了。[쟝귀야져지턴흔렁라]
쥬인님, 요스이는 미우 칩습니다.
(主) 你屋裏地下鋪甋子不好? [늬우리디싸푸뎬쓰부호]
여보 방바닥에 담요 페면 안 좃쇼?
(客) 甋子是要鋪的。[뎬쓰쓰얀푸듸]
담요난 페지요.
(客) 後頭那窗戶透風得利害。[휘투나챵후투엥더리해]
뒤창으로 바람이 미우 드러옴니다.
(主) 那是没有擋住的好法子。[나쓰메우쌍주듸한얘쓰]
그것은 막을 방법이 업습니다.
(客) 你拿紙糊上罷, 怎麽没有法子呢? [늬나쥐 [즤] 후쌍바졈마메위얘쓰늬]
당신이 죠희①를 가져다 바르시오. 웨 할 수 업다고 호시오?
(主) 等一會兒晚上糊罷。[덩이회얼완쌍후바]
기다리시오. 젼역②에 바릅시다.
(客) 前頭不用糊。[쳰투부융후]
압흔 바를 것 업소.

第十九課　房子

(甲) 你在那兒住? [늬지나얼쥬]
로형이 어듸 게시요?
(乙) 我在仁川住。[워지인 [신] 천쥬]
나난 인쳔 사오.
(甲) 你在家裏做甚麽? [늬지쟈리쥬슴마]
로형은 집에서 무엇을 호시오?
(乙) 我在家裏念書。[워지쟈리녠슈]
나난 집에셔 글을 읽쇼.
(甲) 你住的房子大小? [늬유듸얭쓰따유]
노형 사르시난 집이 크오 젹쇼?
(乙) 我住的是五間房子。[워유듸쓰우옌우쓰]
나 사는 것은 다섯 간 집이오.
(甲) 有多少人在那兒? [유둬샨인

---

① 죠희: 紙. 종이.
② 젼역: 晚上. 저녁.

[신] 지나얼]
거기 멧 사람 잇슴니가?

(乙)有十幾個人。[늬 [위] 쓰지거인 [신]]
십여 명 잇쇼.

第二十課　電報局

(甲)借光借光。[졔꽝졔꽝]
용셔하시요.
(甲)您要往那兒去麽？[늬쨔 [얀]
왕나얼취마]
노형은 어듸로 가시렴니가?
(乙)我要打電報去。[워야쨔뎬반
취]
나난 뎐보 노으려 가요.
(甲)電報局在那兒哪？[뎬반쥐지
나얼나]
뎐보국이 어듸오니가?
(乙)請您一塊兒去罷。[칭닌이쾌
얼취바]
쳥컨듸 로형 함께 갑시다.
(甲)很好，很好。[흔화흔화]
미우 좃슴니다.
(乙)這是電報局麽？[져쓰뎬반쥐
마]
이것이 뎐보국임니가?
(局人)你們倆位有甚麽貴幹？[늬
머랴위우슴마쒸깐]
로형 두 분은 무슨 소간사[1]가 게시
오?
(來人)我們倆是打電報來了。[워
먼랴쓰따뎬반릭라]
우리 두 사람은 뎐보 노으려 왓소.
(局人)打到那兒去的呢？[따댜오나
얼취듸늬]
어대로 노으시겟슴니가?
(來人)是日本東京去的。[쓰시뻔
쭝짓 [징] 취듸]
네, 일본 동경으로 가는 것이올시다.
(局人)那一位是？[나이위쓰]
져 한 분은 어대로 노으심니가?
(來人)我還沒有寫的。[워히메우
세듸]
나는 아직 쓰지 안엇슴니다.
(局人)給你電報紙，快寫上罷。[게
늬뎬반쯔쾌세양바]
뎐보지를 드리니 속히 쓰시요.
(來人)我自個兒寫不上來電報。
[워쯔거얼세부썅래뎬반]
내 함자[2] 뎐보 쓸 수 업슴니다.
(局人)爲甚麽不寫呢？[웨슴마부
세늬]
웨 못 쓰심니가?
(來人)我不會寫字。[워부회셰쯔]
나는 글자를 못 씀니다.

---
① 소간사(所幹事): 貴幹. 볼일.
② 함자: 自個兒. 혼자.

(局人) 拿紙來罷。[나즈래바]
죠희 이리 가져오시요.
(來人) 多謝多謝。[둬세둬세]
고맙습니다.
(來人) 電報費是要多少錢呢？[뎬
  밥예쓰얀둬쏻쳰늬]
뎐보비가 얼마나 듭니가？
(局人) 那總得按着字數兒算的。
  [나중데안져쓰쑤얼쏻듸]
그것은 글자 수를 따라 게산하오.
(來人) 還有電報紙没有？[희우뎬
  밥쬐메우]
뎐보지 더 업슴니가？
(局人) 這兒有電報紙。[져얼우뎬
  밥쬐]
여긔 뎐보지 잇슴니다.
(來人) 您請看一看, 這麽寫可以使
  得麽？[닌칭칸이칸져마세커이쓰
  더마]
쳥컨대 당신이 보세요. 이러케 쓰면
가이 되겟슴니가？
(局人) 好, 電報費是十五個字三角
  錢。[한뎬밥예쓰의우거쓰싼쟈오
  쳰]
죠슴니다. 뎐보비는 十五 자에 三십
젼이오.
(來人) 東京去的通共多少錢, 算
  罷。[둥징취듸퉁꽁둬쏻쳰쏻바]
동경 갈 것은 모다 얼만지 게산하시

오.
(局人) 通共十六個字, 算得三毛
  錢。[퉁꽁의루거쓰쏻더싼맘쳰]
모다 십륙 자를 게산하니 삼십 젼이
오.
(來人) 上海去的電報呢？ [쌍히취
  듸뎬밥늬]
상해로 가는 뎐보난 얼맘니가？
(局人) 等着罷, 一回〔会〕兒算。
  [덩져바이회얼쏻]
기다리시요. 잇다 게산합시다.
(來人) 回報多咱到的麽？[회밥둬
  쟌단듸마]
회보가 언제 옴니가？
(局人) 那是不一定的。[나쓰부이
  딍듸]
그것은 쟉정이 업소.
(來人) 爲甚麽不一定呢？[웨씀마
  부이얭늬]
웨 작정할 수 업슴니다〔가〕？
(局人) 那是收報的人的遲晚那。
  [나쓰쑤밥듸신듸치완나]
그것은 收報人의 지속①에 달엿쇼.
(來人) 若〔要〕是没有回報的時候
  兒怎麽樣？ [양쓰메우회밥듸싀
  훠얼점마양]
만약 회보가 업는 째에는 엇지함니
가？
(局人) 再打一回兒罷。[재짜이회

---

① 지속(遲速): 遲晚. 더딤과 빠름.

얼바]
쏘 한번 노으시요.
(來人) 先生, 謝謝。我回家去。[샌성세ㄕ워회쟈취]
션생, 감사합니다. 나는 집에 도라가오.
(局人) 不用謝謝。[부융세ㄕ]
안 하실 말삼이오.

第二十一課　溜達去

(金) 您上今兒〔今兒上〕學堂没有？ [닌썅진 [진썅] 얼쑈탕메우]
로형은 오날 학교에 안 가시오?

(朴) 我們這幾天放學了。 [워먼져지텬팡쑈라]
우리난 요사이 방학하엿쇼.

(金) 所以没上學堂去？ [쉬이메썅쑈탕취]
그리하야 학교에 아니 갓슴니가?

(朴) 是, 我今兒竟這麽閑着呀。 [쓰워진얼징져마쏸져야]
네, 내가 오날 마참 한가하오.

(金) 我們也放學了。 [워먼예팡쑈라]
우리도 방학하엿소.

(朴) 啊, 巧了! 我也今天没有事情。 [아챠라워예진텬메우쓰칭]
아, 공교하오! 나도 오날 이리 업쇼.

(金) 那麽, 咱們溜達逛去罷。 [나마자먼뤼다꽝취바]
그러면 우리 산보하려 갑시다.

(朴) 好的, 您打算要上那兒去呢？ [한듸닌따쏸얘썅나얼취늬]
로형은 어대로 가시랴 하오?

(金) 上南山公園去, 怎麽樣？ [썅난산꿍웬취점마양]
남산 공원으로 가면 웃덧쇼?

(朴) 我要漢陽公園去, 您怎麽樣？ [워얘한양꿍웬취닌점마양]
나난 한양 공원으로 가고져 하니 로형 엇덧쇼?

(金) 那麽咱們就走罷。 [나마자먼쥐쭤바]
그러면 우리 곳 갑시다.

(朴) 您瞧, 這麽山清水秀的多凉快! [닌챠져마산칭쉬싀듸둬량쾌]
로형 보시오. 이러케 산명수려하니 얼마나 시연하오.

(金) 實在那紅紅綠綠〔綠綠〕的花草樹木, 有多麽好看哪! [쓰재나훙ㄕ뤼ㄕ듸화챠수무워둬마핳칸나]
참 져러케 홍ㄕ녹ㄕ의 화초가 만허서 보기 좃쇼이다.

(朴) 啊, 很好! 真叫人胸襟開豁萬慮皆空了。 [아흔핟젼쟈신쓩진캐휘완뤼쌔쿵나]
아, 참 좃쇼! 사람으로 하여곰 흉금이 열니고 만려가 다 빌 것 갓소.

(金) 朴先生那是叫甚麼? [쨔쎈엉나쓰쟈슴마]
朴 先生 져것은 무엇이라고 합니가?
(朴) 這是日本明治天皇的廟。[져쓰시썬밍역텐황듸□〈묘〉]
이것은 일본 명역 텬황 사당이오.
(金) 做廟門花錢不少罷? [쥐먄먼화쳰약쌋바]
사당 문 만드난대 돈이 만히 드러스리다.
(朴) 那是都〔都是〕總督府當的。[나쓰쭈〔쭈쓰〕충두약당듸]
그것은 다 총독부 담당이오.
(金) 那是叫甚麼江? [나쓰쟈슴마쟝]
져것은 무슨 강이라 합니가?
(朴) 那個江就是漢江。[나거쟝쥬쓰한쟝]
져 강은 곳 한강이오.
(金) 啊, 漢江是朝鮮的第一大江麼? [아한쟝쓰쟈셴듸씨이쟈쟝마]
아, 한강은 죠선에 데일 대강임니가?
(朴) 是, 對了, 也有兩個鐵橋。[쓰뒤라예위량거톄챠]
네, 올쇼이다. 쏘 쳘교도 두흘① 잇지요.
(金) 一個是鐵路用的, 一個呢? [이거쓰톄루융듸이거늬]
한나은 쳘로에 쓰고 하나은 무엇함니가?
(朴) 就那一個是人道橋用的。[쥬나이거쓰신단챠융듸]
곳 그 한나은 인도교로 씀니다.
(金) 您去過了沒有? [닌취궈라메위]
로형은 갓다 오지 못하엿슴니가?
(朴) 早哪, 我去過兩三趟了。[쟈나워취궈량싼탕라]
나난 벌셔 두세 번 갓다 왓슴니다.

第二十二課　送別

(甲) 我聽説您今兒早起起身要下鄕去, 所以我就給您送行來了。[워팅쉬닌진얼쟈칙칙선야싸썅취쉬이워쥬쎄닌숭싱래라]
내가 드른즉 로형이 일즉 시골로 가신다 하기로 곳 로형을 젼송하려 고 왓소.
(乙) 勞駕勞駕, 您實在是多禮了。[랸쟈랸쟈닌싀엇쓰둬리라]
수고하셧소. 노형은 참 예졀을 잘 차리오.
(甲) 連來帶去, 總得要多少日字

---

① 두흘: 兩. 둘.

〔子〕呢? [젼래째취즁데야튀쏘시으늬]
가셧다 오시기까지 몟츨이나 되시겟쇼?
(乙) 這還不一定, 少也不下兩多月的光景罷。[져해부이띵쑈예부싸랴 [량] 뒈웨디쌍징바]
이것은 아직 졍치 못하엿습니다. 젹어도 두어 달 걸니겟습니다.
(甲) 敢請〔情〕是那麼些日字〔子〕啊? [깐칭쓰나마쎄이으아]
그러케 여러 날이 된다 하겟슴니가?
(乙) 那是自然的。[나쓰쯔산듸]
그것은 자연이지요.
(甲) 要走的總有多少里路呀? [야쭈듸중유뒈쏘리루야]
가시난 길이 모다 몟 니나 됨니가?
(乙) 通共算起來, 有五百多里的光景罷。[퉁꿍쏸치래유오배뒤리듸쌍징바]
합산하면 오백여 리나 되겟슴니다.
(甲) 您單走麽, 還有個伴兒呢? [닌딴쭈마해우거빤얼늬]
로형 혼자 가시오 혹 동행이 게시오?
(乙) 還有打幇走的一位朋友了。[해우쟈쌍쬬듸이위엥우라]
쏘 동행하여 갈 친구 한 분이 잇슴니다.
(甲) 那更好罷。[나껑핫바]
그러면 매우 죠겟슴니다.
(乙) 我這就要起身了。[워져쭈야치선라]
나난 여기셔 곳 써나려 합니다.
(甲) 因爲行期很忙, 不能到府上和令兄辭行去了。[인위싱치흔망부능댜오뿌쌍해링쓸츠싱취라]
행기①가 밥버셔② 댁에 가 백씨게 작별을 엿줍지 못하고 감니다.
(乙) 求您回去替我說說罷。[쥬닌회취틔워숴々바]
로형이 도라가시면 대신하여 말이나 젼하시요.
(甲) 多謝多謝, 不送不送。[둬세둬세부숭부숭]
감사함니다. 안영이 가셔요.
(乙) 別送別送。[베숭베숭]
평안이 게시요.

第二十三課 座〔坐〕船

(客) 我們開票來了。[워먼캐퍄래라]
우리들이 표 사러 왓슴니다.

---
① 행기: 行期. 출발 일자.
② 밥버셔: 忙. 바빠서.

(主) 來了多少人? [래라둬쏘신]
몟 사람이나 왓슴니가?
(客) 來了好些個人。[래라핫쎄거신]
여러 사람이 왓슴니다.
(主) 這兒有紙, 寫名字罷。[져얼우 즈쎄명쯔바]
여기 죠희 잇스니 이름 쓰시요.
(客) 我們不會寫字兒。[워먼부회 쎄쯔얼]
우리난 글 슬 줄 모름니다.
(主) 那麼着, 您那兒住? [나마져넌 나얼쥬]
그러면 당신 어대 사시오?
(客) 我住在王京。[워쥬재왕징]
나는 셔울 사오.
(主) 多大歲數兒? [둬짜쉬슈얼]
나이 얼마오니가?
(客) 三十七歲了。[싼쓰치쉬라]
서른 일곱 살이오.
(主) 您上那兒去? [닌썅나얼취]
로형 어대 가오?
(客) 我上清津去。[워썅청진취]
나는 쳥진 가오.
(主) 您要幾等船? [닌야지덩촨]
몟 등을 타시겟쇼?
(客) 上等是價錢很貴, 所以要座 〔坐〕下等船。[썅덩쓰쟈쳰흔쒸 쉬이야줴쌰덩촨]
상등은 갑시 빗사 하등 타려 함니다.

(主) 下等是人很多, 不是混雜麼? [쌰덩쓰신훈둬부쓰훈쟈마]
하등은 사람이 만하 혼잡지 안을가요?
(客) 那麼中等的票罷, 没法子。[나마줌덩듸퍄바메야쯔]
그러면 즁등표를 쎄시요. 할 수 업소.
(主) 拿十二塊五毛錢罷。[나스얼쾌우맘쳰바]
十二 圓 五十 錢 가져오시요.
(客) 給你十三塊, 没有小錢兒。[게늬쓰싼쾌메우쌰쳰얼]
十三 圓 밧으세요, 잔돈 업슴니다.
(主) 給你船票。[게늬촨퍄오]
배표 밧으세요.
(客) 這是叫甚麼船? [져쓰쟈오숨마 촨]
이 배를 무슨 배라 함니가?
(主) 這是高麗丸。[져쓰까오리완]
이것은 고려환이요.
(客) 多咱開船麼? [둬잔캐촨마]
언졔 배 써남니가?
(主) 晚上十點鐘開船。[완썅쓰뎬 슝 [즁] 캐촨]
밤 열 졈에 배 써남니다.
(客) 船上吃飯是甚麼人管? [촨썅 치앤쓰슴마신관]
배에서 먹난 밥은 누가 관리하오?
(主) 也是都在其内, 不要飯錢。[예쓰쭈재치내부야앤쳰]
역시 그 속에 드럿슴니다. 밥갑은 아

니 밧쇼.
(客) 啊, 船家管麼？ [아챤쟈꽌마]
아, 배에서 관리함니가 ?
(主) 你們快上船罷。 [늬먼쾌썅촨바]
노형들 속히 배 타시요.
(客) 謝謝, 我們就上船罷。 [쎼쎼워먼죾썅촨바]
고맙쇼. 우리들이 곳 배 타겟쇼.

第二十四課　商路

(甲) 您貴姓？ [닌쮜싱]
뉘시오니가 ?
(乙) 我姓王。 [워싱왕]
내 성은 왕가요.
(甲) 貴甲子？ [쮜쟈쯔]
무슨 생이오 ?
(乙) 今年三十七歲了。 [진녠싼쓱치쉬라]
금년 셔른 일곱이오.
(甲) 你住在那兒？ [늬주재나얼]
노형이 어대 사르시오 ?
(乙) 我住在王京。 [워주재왕징]
나난 셔울 사오.
(甲) 府上在城裏住麼？ [뿌썅재청리주마]
댁이 문 안에 사심니가 ?
(乙) 是, 在城裏住。 [쓰재청리주]
네, 셩 내에 삼니다.
(甲) 請問寶號？ [칭원바오환]
상점 자호가 무엄니가 ?
(乙) 小號口〈大〉昌。 [쌰오환따챵]
상호난 대창이라 함니다.
(甲) 這幾天王京買賣好不好？ [져지텬왕징매미하오부하오]

요사이 셔울 쟝사가 좃슴니가 납븜니가 ?
(乙) 没有買賣。 [메우매미]
매미가 업슴니다.
(甲) 現在上那兒去？ [쎈재썅나얼취]
지금 어대 가심니가 ?
(乙) 現在上中國奉天去。 [쎈재썅즁귀쌩텬취]
지금 즁국 봉텬 감니다.
(甲) 有甚麼貴幹？ [위슴마쮜깐]
무삼 소간사가 게시오 ?
(乙) 要做買賣去。 [야오쭤매미취]
쟝사하랴 감니다.
(甲) 你帶甚麼東西？ [늬째슴마둥시]
로형 무슨 건 가젓슴니가 ?
(乙) 我帶松都人參。 [워째숭도씬썬]
나는 숑도 인삼을 가젓쇼.
(甲) 一斤多少錢呢？ [이진둬쌰오쳰늬]
한 근에 얼마하심니가 ?
(乙) 一斤二十八塊錢。 [이진얼쓱

쌔쾌쳰]
한 근에 이십팔 원이오.
(甲) 您帶紅參没有？ [닌째홍썬메 위]
로형이 홍삼 가지ㅅ 안엇슴니가?
(乙) 我不帶, 那是總督府官賣的 了。 [워부재나쓰충쭈얒콴매디 랴]
나난 아니 가졋쇼. 그것은 총독부 관 매올시다.
(甲) 你一個人去麽？ [늬이거신취 마]
로형 함자 가시오?
(乙) 不是, 還有一個夥計。 [부쓰해 위이거훼지]

아니요. 동무 한나 쪼 잇쇼.
(甲) 你多咱回來麽？ [늬둬짠휘래 마]
로형 언제 도라오시겟슴니가?
(乙) 來月初要回來。 [래웨추얖회 릭]
來月 初에나 도라오려 하오.
(甲) 回來的時候兒, 淸〔請〕您給 我買三疋綢緞麽？ [회래디시훠 얼칭닌께워매싼피츄단마]
도라오실 째에 내게 비단 세 필만 사 다 쥬실남니가?
(乙) 好, 那是容易的。 [환나쓰융이 디]
좃슴니다. 그것은 용이하오.

第二十五課　先生及學生

(下人) 少爺, 李先生來了。 [쌴예리 쎈엉래라]
서방님, 리 션생 오셧슴니다.
(先生) 王少爺在家麽？ [왕쌴예재 쟈마]
왕 셔방 게시오?
(王) 誰來了啊？ 李先生來了麽？ [쉬래라아리쎈엉래라마]
누가 오셧소아? 리 션생 오셧슴니 가?
(王) 請先生進屋裏來。 [칭쎈엉진우 리래]

쳥컨대 션생 방으로 드려오시요.
(王) 大順, 你拿茶水來。 [따슌늬나 차쉬래]
대순아, 네 찻물 가져오나라.
(先生) 不要茶水兒, 纔喝了。 [부야 차쉬얼채허라]
찻물 그만두시요. 곳 먹엇소.
(王) 請先生抽烟罷。 [칭쎈엉츄옌 바]
션생님 담배 피우시요.
(先生) 今天念書了没有？ [진텐낸 수라메위]

오날 글 이르지① 안엇습니가?
(王) 念過幾趟了。[넨쒀지탕라]
몟 번 일넛습니다.
(先生) 都知道麽? [쭈지단마]
다 아심니가?
(王) 昨天看那話條子, 有幾處不懂得。[쭤텬칸나화탼쯔위지추부둥더]
어제 본 어학에 몟 곳 모를 것 잇슴니다.
(先生) 還有甚麽難處呢? [희우슴마난추늬]
아직도 무엇 어려운 곳이 잇쇼?
(先生) 我看, 你説一説罷。[워칸늬쉬이쉬바]
내가 볼 터이니 당신 일너 보시요.
(王) 這一個字, 我杺〔找〕不着。[져이거쯔워쟌부져]
이 글자 한나는 내가 차즐 수 업소.
(先生) 這個字俗字字典上沒有的。[져거쯔쑤쯔쯔뎬썅메위듸]

이 글자난 속잔 싯닭에 자젼에는 업소.
(王) 不是這個字麽? [부쓰져거쯔마]
이 글자 안임니가?
(先生) 那是亂字。[나쓰란쯔]
그것은 난짜요.
(王) 還是那個部首? [희쓰나거쑤싀]
무슨 부에 잇슴니가?
(先生) 部首本是乙, 您納栈〔找〕的是那個部首? [쑤싀뻔쓰이닌나쟌듸쓰나거쑤쑤]
본시난 을부지만은 당신은 무슨 부를 차져 보앗쇼?
(王) 我栈〔找〕的是瓜部。[워쟌듸쓰쟈쑤]
나는 쟈부를 차졋습니다.
(先生) 那是錯了。[나쓰춰라]
그러니가 틀엿쇼.

第二十六課　看書

(甲) 那一本書, 你看完了沒有? [나이뻔슈늬칸완라메위]
그 한 척은 로형이 다 보세쇼?
(乙) 十分裏, 我看過八分。[쒹펀리워칸궈쌔왼]
十分에 내가 팔분은 보앗소.

(甲) 明白不明白? [밍븨부밍븨]
명븩호오 명븩지 못호오?
(乙) 有幾分不明白。[위지왠부밍븨]
얼마간 명븩지 못호오.
(甲) 也有幾個字不認得? [예위지

---
① 이르지: 念. 읽지.

거쓰부싄더]
쏘 몃 자나 모르난 글자 잇쇼?
(乙) 不認得的一半兒。[부싄더듸
이반얼]
모를 것이 절반이나 되오.
(甲) 你念過多少日字〔子〕的書?
[늬녠귀〔귀〕뒤쌰싀쓰듸쓔]
노형은 몃 날이나 글을 넑엇쇼?
(乙) 我念過十個月的書。[워녠귀
쓰거웨듸쓔]
나논〔는〕十여 달 글을 읽엇쇼.
(甲) 那書上的字都記得麼?[나쓔
썅듸쓰쭈지더마]
그 칰[칙] 우에 글자를 다 알겟소?
(乙) 都記得。[쑤지더]
다 암니다.

(甲) 忘了沒有? [왕라메워]
이즌 것은 업소?
(乙) 忘了好些個。[왕라한쎄거]
만히 이젓소.
(甲) 記錯了的沒有? [지춰라듸메
워]
잘못 안 것은 업소?
(乙) 也有記錯了的。[예워지춰라
듸]
쏘 잘못 안 것도 잇쇼.
(甲) 你念過的書千萬不可忘了。
[늬녠귀듸쓔쳰완부커왕라]
로형이 읽은 글은 이져셔 안되오.
(乙) 不錯, 你說得很是。[부춰늬쉬
더흔쓰]
그럿쇼, 노형 말삼이 미우 올쇼.

第二十七課　找字

(甲) 金先生, 你拿字典來。[진쌘셩
늬나쓰뎬릐]
金 션싱 당신 자뎐 가지고 오시요.
(乙) 你要我〔找〕甚麼字? [늬야
쟌슴마쓰]
로형이 무슨 글자를 차즈시려 ᄒᆞ오?
(甲) 我要栈〔找〕薑字。[워야쟌
쟝쓰]
내가 薑字를 차즈러 하오.
(乙) 你不記得這個字麼? [늬부지
더져거쓰마]
로형 이 글자를 기역 못ᄒᆞ오?
(甲) 我不記得那個字了。[워부지
더나거쓰라]
나난 그 글자를 기억지 못ᄒᆞ오.
(乙) 還有不記得的字麼? [히워부
지더듸쓰마]
쏘 모를 글즈 잇슴니가?
(甲) 那兒沒有呢? [나얼메워늬]
웨 업겟슴니가?
(乙) 記得的小〔少〕, 不記得的
多。[지더듸쌰부지더듸둬]
아는 것은 젹고 모르난 것은 만소.
(甲) 這個字, 你認得不認得? [져
거쓰늬신더부싄더]
이 글자를 당신이 아시요 모르시

요? 나거쓰]
(乙) 我不認得那個字。[워부싄더 내가 그 글자를 모르오.

第二十八課　早起

(父) 大順, 來。[따슌릴]
다순아 오너라.
(大順) 喳, 到了。[자딸라]
네, 왓습니다.
(父) 朾〔找〕小順來。[쟈싿슌릴]
소순이를 차져 오너라.
(大順) 他上街上買東西去了。[타썅졔썅매둥시취라]
그 익가 거리로 물건 사라 갓습니다.
(父) 小順兒多咱回來? [쏘슌얼둬짠회릴]
소슌이 언제 도라오난냐?
(大順) 找他做甚麽呢? [쟈타쮜슴마늬]
그 이를 불너셔 무엇 아〔하〕시랴니가?
(父) 弄火開水罷。[룽훠키쉬바]
불 피우고 물 쓰려라.
(大順) 已經開水了。[이징키쉬라]
발서 물이 쓸엇습니다.
(父) 大順兒, 你拿水來。[따슌얼늬나쉬릴]
다순아, 네가 물 가져오나라.
(大順) 您要的是甚麽水? [닌야디쓰슴마쉬]
(아바님쎠셔) 당신은 무슨 물을 쓰시랴니가?
(父) 要涼水。[야량쉬]
닝수를 쓰겟다.
(大順) 拿了涼水了。[나라량쉬라]
냉수 가져왓습니다.
(父) 那臉盆裏有甚麽水? [나롄뻔리워슴마쉬]
져 세수다야에 무슨 물이 잇습니가?
(大順) 臉盆裏有溫水。[롄뻔리워운쉬]
세수다야에 온수가 잇습니다.
(父) 那澡盆裏到〔倒〕水罷, 我要洗澡。[나쟈뻔리딴쉬바워야시쟈]
져 목욕다야에 무를 부어라 내가 목욕하고져 흔다.
(大順) 那澡盆是漏水, 不能到〔倒〕水。[나쟈뻔쓰룩쉬부넝딴쉬]
목욕다야가 시여셔 물을 못 붓습니다.
(父) 澡盆破了麽? [쟈뻔퍼라마]

---

① 마셔젓는냐: 破. 부서졋느냐.

목옥다야가 마셔젓는냐①?
(大順) 破了。[퍼라]
마사젓슴니다.
(父) 快叫人收拾罷。[쾌쟈오신셔시바]
속히 사람 불너 고처라.
(大順) 叫人去了。[쟈오신취라]
사람 부르려 갓슴니다.
(父) 我那衣裳, 你抽打了沒有? [워나이샹늬쵸따라메우]
내 옷은 네가 다 쓰내엿나냐?
(大順) 衣裳早巳〔已〕抽打了。[이샹쟈오이쵸따라]
이복은 발셔 쓰내엿슴니다.
(父) 那胰子擱在那裏? [나이쯔쩌지나리]
비눌①은 어대다가 두엇나냐?

(大順) 那胰子在屈板兒上。[나이쯔지틔반얼쌍]
비눌은 셔랍 우에 잇슴니다.
(父) 手巾呢? [셔진늬]
수건은 엇젓니?
(大順) 手巾在架子挂着了。[셔진지쟈쯔좌져라]
수건은 걸상에 걸엇슴니다.
(父) 買一包牙粉來。[매이바오야펀릐]
치분 하나 사오나라.
(大順) 聽説這街裏沒有牙粉。[팅쉐져개리메우야펀]
드르니 거리에 치분이 업서요.
(父) 那麼你拿鹹鹽罷。[나마늬나쌘앤바]
그러면 네가 소곰 가져오나라.

第二十九課　成表〔衣〕鋪

(客) 掌櫃, 我要這褂子修改。[쟝꿰워야오져좌쯔싀씨]
쥬인 내가 마과자를 고치고져 ᄒ오.
(主) 你要修改那兒呢? [늬야오싀씨나얼늬]
로형이 어대를 고치고쟈 ᄒ시오?
(客) 看看, 袖子太窄。[칸칸[셔]쯔틔째]
로형 보시요, 소매가 미우 좁소.
(主) 實在這個不合適。[쓰지져거부허쓰]
참 이것은 식이 맛지 못ᄒ오.
(客) 幾口〈時〉做成? [지싀쥐청]
언제나 다 되겟슴니가?
(主) 大概兩三天兒罷。[따개량싼텐얼바]
대개 이삼일 되겟쇼.
(客) 你還没縫呢? [늬히메엥늬]
로형 아직 바느질 아니ᄒ엿쇼?

---

① 비눌: 胰子. 비누.

(主) 我還沒縫了。[워히메영라]
내가 아직 바느질 못ᄒ엿습니다.
(客) 明天再來。[밍텐지릭]
내일 다시 오겟쇼.

(主) 明天準來一趟罷。[밍텐쥰릭이탕바]
내일 꼭 한번만 오세요.

第三十課　衙〔衙〕門

(甲) 王先生, 你上那兒去? [왕쎈엉늬앙나얼취]
왕 선싱 로형은 어디로 가시요?
(乙) 我上衙門去。[워앙야먼취]
내가 관청으로 감니다.
(甲) 有甚麼事情? [위슴마쓰칭]
무슨 일이 잇습니가?
(乙) 有一個呈子。[위이거청쯔]
소지 한 건이 잇쇼이다.
(甲) 他是甚麼人? [타쓰슴마신]
져이난 무슨 사람이오니가?
(乙) 他是審判廳的承發吏。[타쓰썸판팅듸청애리]
그난 지판쇼 승발리올시다.
(甲) 那個女人呢? [나거뉘신늬]
져 녀즈는 누구요?
(乙) 他是法庭告的原告兒。[타쓰애팅까오듸웬까얼]
그가 법정에 고발한 원고요.
(甲) 這爲甚麼事情? [져위슴마쓰칭]
이것이 엇지된 일임니가?
(乙) 誰知道, 我也不知道。[쉬지따오워예부지따오]
누가 알겟쇼. 나도 모름니다.

第三十一課　審判廳

(甲) 他是往那兒去了? [타쓰왕나얼취라]
그이가 어대로 갓습니가?
(乙) 他上衙門去了。[타앙야먼취라]
그가 관청으로 갓습니다.
(甲) 爲甚麼去了麼? [위슴마취라마]
무슨 까닭으로 갓습니가?
(乙) 他上衙門過堂去了。[타앙야먼궈탕취라]
그이가 관청으로 별론①을 갓습니다.
(乙) 啊, 他現在回來了。[아타쎈직

---
① 별론(辯論): 過堂. 재판을 받다.

회리라]
아 그이가 지금 도라왓슴니다.
(甲) 他很快了。[타흔쾌라]
그가 미우 쌔름니다.
(乙) 他是坐車來了。[타쓰줘처린라]
그는 차를 타고 왓슴니다.
(甲) 你上那個衙門去過了麼？[니앙나거야먼취궈라마]
로형은 어느 관쳥에 갓다 왓슴니가？
(乙) 我上審判廳去過來的。[워썅썬판팅취궈린듸]
나난 직판소에 갓다 왓슴니다.
(甲) 過堂了没有？[귀탕라메위]
별론ᄒ 셧슴니가？
(乙) 還没過了。[희메궈라]
아직도 별론치 못ᄒ 엿쇼.

第三十二課　問病

(金) 白大哥在家没有？[빅따거지쟈메위]
빅 형 집에 게심니가？
(白) 誰來了？[쉬린라]
누가 오셧슴니가？
(金) 三龍來了。[싼룽린라]
三龍이 왓슴니다.
(白) 阿, 你來了。[아늬린라]
아, 로형이 왓쇼.
(金) 爲甚麽大哥躺着呢？[위슴마따거탕져늬]
웨 형님 누으셧슴니가？
(白) 這幾天我病了。[져지텬워삥라]
요스이 내가 병이 낫쇼.
(金) 你不是傷了風了麼？[니부쓰쌍라엉라마]
형님 감기에 상ᄒ지 안엇슴니가？
(白) 我也不知道。[워예부지닯]
나도 모르겟쇼.
(金) 請大夫來瞧一瞧。[칭따우린챠이챠]
의사를 쳥하여다가 간맥①ᄒ시요.
(金) 你該當吃藥。[늬깨당치야]
□〈형〉님 약을 잡수세야 함니다.
(白) 你説不錯。[늬숴부춰]
로형 말삼이 괴이치 안이요.
(金) 得病多少日字〔子〕麽？[더삥둬쏘시쯔마]
병든 지 멧츨이 됨니가？
(白) 得病好些日字〔子〕了。[더삥환세시쯔라]
병든 지 멧츨 되엿슴니다.
(金) 吃飯怎麽樣？[츠앤전마양]
자시난 것은 엇더ᄒ오니가？
(白) 一點兒不能吃。[이뎬얼부넝츼]

---

① 간맥(看脉): 瞧. 맥을 보다.

일절 먹지 못합니다.
(金) 快吃補藥罷。[쾌츠부얀바]
속히 보약을 잡수시요.

(白) 這幾天吃點兒補藥。[져지텐츠
뎬얼부얀]
요스이 보약을 먹심니다.

第三十三課　醫問病答

(醫) 爲甚麼不能起來？[위슴마부
넝치릭]
웨 이러나지 못함니가？
(病) 我腰上有病, 直不起來。[워얀
썅위빙지부치래]
나난 허리에 병이 잇셔 곳 이러나지
못호오.
(醫) 還有甚麼病？[희위슴마빙]
쏘 무슨 병이 잇슴니가？
(病) 舌頭有病, 連嘴唇子都破了。
[셔투위빙렌줴춘쯔쑤퍼라]
셔에 병이 잇셔 입술신지 헤여졋
쇼.
(醫) 肚子以下疼了没有？[뚜쯔이
샤텅라메위]
비 아릭난 압흐지 안쇼？
(病) 脖子以下、肚子以上疼得利
害。[쎄쯔이샤뚜쯔이썅텅더리
히]
목 아릭 비 우이가 미우 압흠니다.
(醫) 嘴兩邊兒的是不疼麽？[줴량
벤얼듸쓰부텅마]
입 양편 고기난 압흐지 안쇼？

(病) 那是不疼。[나쓰부텅]
그것은 압흐지 안소.
(醫) 爲甚麼肩膀兒高呢？[위슴마
젠쌍얼꼬느]
엇지ᄒᆞ야 억게①가 놉흐심니가？
(病) 胳臂的上頭有甚麼病了？[꺼
쎄듸썅투위슴마빙라]
팔쭉 우에 무슨 병이 잇슴니가？
(醫) 你有甚麼病知道？[늬위슴마
빙즈단]
로형이 무슨 병이 잇는지 아시요？
(病) 我不知道, 您請看一看。[워부
지단닌칭칸이칸]
나난 모르겟슴니다. 로형 보아 주시
요.
(醫) 您的腮頰怎麼這麼紅呢？[닌
듸씨쟈졈마져마홍느]
당신의 쌤은 웨 이러케 붉슴니가？
(病) 那不是都〔都是〕病麽？[나
부쓰뚜〔뚜쓰〕빙마]
그것이 다 병이 아님니가？
(醫) 你這個瓣子得梳了, 就病好。
[늬져거쌘쯔더쓔랴쥬빙화]

---

① 억게: 肩膀兒. 어깨.

로형 이 머리쇼리를 비서야 곳 병이 낫소.
(病) 這指頭疼得利害。[져자투텅더리히]
이 손가락이 미우 압허요.
(醫) 那是貼趙膏藥罷。[나쓰테죠까야바]
그것은 죠고약을 부치시오.
(病) 我的病很怪, 快死多好麽。[워디빙흔쇄쾌쓰둬핫마]
내 병은 미우 괴이호오. 속히 주거스면 얼마나 죳켓소.
(醫) 我上醫院送幾包藥, 您吃罷。[워쌍이왠송지반야넌츠바]
내가 병원에 가셔 약 멧 첩 보닐테니 로형 잡수시오.
(病) 您再不能來麽? [넌재부넝릐마]
로형 다시 오지 못ㅎ겟쇼?
(醫) 怎麽不來呢? [점마부릐닉]
웨 오지 아니ㅎ겟슴니가?

第三十四課　友死悲感

(甲) 你没遇見他麽? [늬메위젠타마]
로형이 그를 못 맛낫슴니가?
(乙) 他是誰, 我不知道。[타쓰쉬워부지닦]
그가 누구요? 나난 모르겟쇼.
(甲) 他就是金先生。[타쥬쓰진쎈엥]
그는 곳 김 션싱이오.
(乙) 那個金先生呢? [나거진쎈엥늬]
어느 김 션싱임니가?
(甲) 東邊兒賣藥的金先生了。[쭁벤얼믜야듸진쎈엥라]
동편에셔 약 파난 김 션싱 말이오.
(乙) 啊, 這幾天他没在家罷? [아져지텐타메지쟈바]
아, 요수이 그가 집에 잇지 안치오?

(甲) 我聽見説他家都病了。[워팅진쉬타쟈쭈빙라]
내가 드르니 그 사람 집이 모다 병이 낫대요.
(乙) 啊, 他們老三昨天死了。[아타먼랖싼줘텬쓰라]
아, 그의 셋지 분이 어졔 죽엇슴이다.
(甲) 啊呀, 實在可惜。[아야쓰지커시]
아이구, 참 가셕ㅎ오.
(乙) 我們吊喪去罷。[워먼댜샹취바]
우리 죠상 갑시다.
(甲) 若是你去, 我也要去。[쉬쓰늬취워예야취]
만일 로형 가시면 나도 가겟쇼.
(乙) 多咱你要去麽? [둬잔늬야취마]

언제 〈로〉형이 가시고져 ᄒᆞ오?
(甲) 多咱出殯, 你知道麼? [둬잔추빈늬지댜마]
언제 출빈ᄒᆞᄂᆞᆫ지 로형이 아시오?
(乙) 大槪明天後天罷。[따ᄀᆡ밍롄훠톈바]
되기 ᄂᆡ일 모레지요.
(甲) 他們塋地在那兒? [타먼잉듸자나얼]
져의 션산이 어듸오니가?
(乙) 離我們家的墳地很近。[리워먼쟈듸펀듸흔진]
우리 분묘듸에서 믹우 갑ᄉᆞ지요①.
(甲) 若是這麼着, 道兒很遠哪。[줘쓰져마져ᄃᆞ얼흔웬나]
그러면 길이 믹오 머오그려.
(乙) 至少說也有四五十里罷。[즉쌰쉬예유쓰우씌리듸바]
젹게 말ᄒᆞ야도 四十五〔四五十〕里 지요.
(甲) 請您替我說道惱啊。[칭닌틔워쉐ᄃᆞ노아]
로형은 내 ᄃᆡ신 인사ᄒᆞ야 쥬시오.
(乙) 我就不能送到他墳上去。[워쥬부넝숭ᄃᆞ타ᄙᅭᆫ쌍취]
나난 분상싀지 갈 수가 업쇼.
(甲) 在遠處兒葬埋, 雖是說好, 若是到了子孫們沒有力量兒, 就難按着時候兒上墳了。[지 웬추얼쟝민쉐쓰쉬화쉬쓰ᄃᆞ라ᄙᅭ쭌먼메위리량얼쥬난안져시휘얼쌍펀랴]
먼 곳에 쟝사ᄒᆞ난 것이 죠키난 ᄒᆞ나 ᄌᆞ손 듸에 이르러 힘이 업스면 썩 마초어 셩묘 단일 슈 업지요.
(乙) 可不是麼, 看風水的人們都說那塊兒好, 故此纔在那兒立了墳了。[커부쓰마칸펭쉬듸인먼ᄄᆔ쉬나쾌얼환구츠치지나얼리랴펀랴]
엇지 아니 그럿켓쇼. 풍수들이 모다 거기가 죠타함을 보고 그릭셔 거기다가 쟝ᄉᆞ 지내ᄂᆞᆫ 것이오.

第三十五課　久仰久仰

(甲) 久仰久仰。[쥬양쥬양]
오랫마니요.
(乙) 今兒特過來拜訪。[진얼터궈래배빵]
오날 특별이 와서 심방함니다.
(甲) 您勞駕得很。[닌ᄙᅡ오쟈더흔]
오시기에 매우 수고하셧슴니다.
(甲) 您請到客廳裏坐罷。[닌칭ᄃᆞ커팅리줴바]
로형 쳥컨듸 사랑에 드러가 안즈시오.
(乙) 今兒幸得相會, 有緣哪。[친

---
① 갑ᄉᆞ지요: 近. 가깝지요.

〔진〕얼싱더쌍희[회]위웬나
오날 다힝히 서로 만나니 연분이 잇
소구려.
(乙) 昨天請安來, 您没在家。[쥐텐
칭안릭닌메쥐쟈]
어젹게 문안ᄒ〈러〉왓더이 로형 안 게십
듸다.
(甲) 啊, 未在家了, 失迎失迎。[아
미쥐쟈라시잉시잉]
아 집에 못 잇셧습니다. 실예요, 실예
요.
(甲) 那位是甚麼稱呼? [나위쓰슴
마칭후]
그분은 누구라 하심니가?
(乙) 這位是姓金, 咱們同鄕的人。
[져위쓰싱진자먼퉁쌍듸신]
이 양반은 김씨요. 우리 동향지인이
요.
(甲) 咱們瞧着好面善。[자먼챠져
핫몐쎈]
우리가 뵈옵기에 미우 낫치 익슴니
다.
(金) 彼此彼此。[비쯔비쯔]

피차 업습니다.
(甲) 您貴甲子? [닌귀쟈쯔]
로형 무슨 싱이시요?
(金) 今年三十五歲了。[진녠싼웨
우쉐라]
금년 서른 다섯 쌀이오.
(甲) 你不是河南金財東的老三麼?
[늬부쓰허난진츠이둥듸란싼마]
로형이 水南〔수남〕 지쥬 듸 셋지
분 아니시요?
(乙) 是, 對了。[쓰쮜라]
네, 그럿습니다.
(甲) 府上都好啊? [뽀썅쭈핫아]
집은 다 무고하시오?
(金) 托福家都泰平。[퉈뽀쟈쭈틱
핑]
덕틱에 집은 다 틱평합니다.
(甲) 這一向少見少見。[져이쌍샾
진쌓진]
요ᄉᆞ이 드문드문 뵈음니다.
(金) 少見少見。[샾진샾진]
드문드문 뵈엿습니다.

第三十六課　過年

(客) 大哥, 新喜新喜。[따거신시신
시]
형임 환세 안영이 하셧쇼?
(主) 好說, 大家同喜同喜。[핫숴짜
쟈퉁싀퉁싀]
죠흔 말삼이오. 모다 감축ᄒᆞ오.

(主) 大哥, 請坐。[따거칭줘]
형님 안즈세요.
(客) 做甚麼? [줘슴마]
무엇 ᄒᆞ시랴오?
(主) 請吃幾個餃子罷。[칭ᄮᅴ지거쟈
쯔바]

청컨듸 만두 맷 기 잡수시오.
(客) 我在家裏吃了出來的。[워 지 쟈리 吃라추린듸]
고맙소. 내가 집에서 먹고 나왓소.
(主) 吃的那麽飽麽？[吃듸나마바마]
잡수섯기로 무엇 빅부르겟소?
(客) 謝謝, 肚子胞〔飽〕了。[세ㅅ쎄 뚜쯔바라]
감스ᄒᆞ오. 빅가 불너요.
(主) 想必是裝假罷？[썅쎄쓰쟝쟈바]
싱각건듸 거진말이지요?
(客) 眞的呀。[젼듸야]
참말삼이올시다.

(客) 在哥哥家我還做客麽？[지거ㄱ쟈워 히 쭤커마]
형임 딕에서 닉가 체면 차리겟소?
(主) 這麽着, 請您喝酒罷。[져마져 칭닌허쥬바]
그러면 술이나 잡수시요.
(客) 哥哥, 我不能喝酒。[거ㄱ워부능허쥬]
형님 닉가 술 못 먹겟습니다.
(主) 怎麽呢？[졈마늬]
웨요?
(客) 我還要到別處去呢。[워히야 단베추취늬]
나는 또 딴 곳으로 가야 하겟습니다.

第三十七課　屋裏

(主) 你點燈了沒有？[늬뎬덩라메위]
로형 등불을 켯습니가?
(下) 我點上燈了。[워뎬썅덩라]
나는 등불을 켯습니다.
(主) 怎麻〔麽〕沒有燈呢？[졈마메위덩늬]
엇지ᄒᆞ야 등이 업소?
(下) 我也不知道。[워예부지단]
나도 모르겟습니다.
(主) 誰拿了去了沒有？[쉬나라취라메위]

누가 가져가지 안엇습니가?
(下) 是, 我給厨子拿過去了。[쓰워 께 츄쯔나궈취라]
네, 내가 숙수쟝이①를 쥬어 가져가게 ᄒᆞ엿쇼.
(主) 這屋裏很黑。[져우리흔헤]
이 방 안이 미우 어둡쇼.
(下) 拿一盞燈來。[나이쨘덩릭]
등잔 하나 가져오시요.
(下) 現在點燈了。[쎈직뎬덩라]
지금 불 켯습니다.
(主) 你快把鋪蓋鋪上罷。[늬쾌쎄

---

① 숙수쟝이: 厨子. 요리사.

푸째푸앙바]　　　　　　　　　당신은 속히 이부자리 싸시요.

第三十八課　食堂

(下人) 你愛吃甚麼? [늬애읰슴마]
로형은 무엇을 잘 자시오?
(客) 我愛吃饅頭。[워이읰만투]
나는 만두를 잘 먹쇼.
(下人) 你愛喝湯麼? [늬이허탕마]
로형이 국 잘 자시오?
(客) 我不愛喝湯。[워부이허덩]
나난 국 잘 안 먹쇼.
(下人) 你愛吃甚麼菜? [늬이읰슴마치]
로형이 무슨 치①를 잘 자시오?
(客) 甚麼菜都好。[슴마치쭈핫]
무슨 치든지 다 좃슴니다.
(下人) 你要牛奶不要? [늬얀부내부야]
로형 쇼졋을 요구치 안소?
(客) 牛奶便宜, 我可以要幾斤。[부내펜이워커이야지진]

우유가 싸면 내가 멧 근 쓰랴 ᄒᆞ오.
(客) 你快弄飯罷。[늬쾌룽앤바]
로형 속히 밥 지으시오.
(下人) 弄甚麼飯呢? [룽슴마앤늬]
무슨 밥을 지으람니가?
(客) 白米飯好。[비미앤핫]
빅미밥이 좃쇼. (이 밥이 좃소)
(下人) 飯得了, 怎麼樣? [애[앤]더라졈마양]
밥이 되엿슴니다. 엇져릿가?
(客) 飯得了就端了來。[앤더라짆똰라릭]
밥 되거든. 담어 오시요.
(客) 吃完了都撤下去罷。[치완라쭈처쌰취바]
다 먹어스니 가져가시오.

第三十九課　料理店 (一)

(客) 有餃子沒有? [읏쟌쯔메읏]
만두 업슴니가?
(主) 沒有餃子, 有大鹵麵。[메웃쟌쯔읏짜루멘]
만두난 업고 물국수 잇쇼.
(主) 你愛吃甚麼? [늬이읰슴마]

로형은 무엇을 잘 잡수시오?
(客) 我愛吃煮〔炸〕醬麵。[워애읰자장멘]
나는 자장면을 잘 먹쇼.
(主) 炒麵怎麼樣? [챠멘졈마양]
복근 국수난 엇더ᄒᆞ오?

―――――――――――――――
① 치: 菜. 요리. 음식.

(客) 我不要吃那個。[워부야吃나거]
나난 그것 먹지 안쇼.
(主) 大鹵麵怎麼樣？[짜루멘졈마양]
물국수가 엇더함니가？
(客) 也是那個好。[예쓰나거환]
역씨 그것 좃쇼이다.
(主) 不要酒麼？[부야쥬마]
술은 요구치 안슴니다〔가〕？

(客) 有甚麼酒？[유슴마쥬]
무슨 술이 잇쇼？
(主) 白酒、黃酒都有。[빅쥬황쥬쯔위]
빅쥬 황쥬 다 잇슴니다.
(客) 黃酒好了。[황쥬환라]
황쥬가 좃슴니다.
(客) 快燙酒來。[쾌탕쥬릭]
얼는 술 쯰려 오시오.

第四十課　料理店去（二）

(客) 借光借光, 這近邊兒沒有料理店麼？[졔꽝졔꽝져진벤얼메우랴리덴마]
용셔하시오. 이 근처에 요리졈이 업슴니가？
(某人) 有兩個料理店。[유량거쟌〔랴〕리덴]
요리집 두리 잇슴니다.
(客) 那一個店好呢？[나이거덴핟늬]
어는 집이 좃슴니가？
(某人) 上邊的大觀園是王京裏有名。[쌍벤듸짜관웬쓰왕징리유밍]
웃마을 대관원이 셔울서 유명ᄒᆞ오.
(客) 這麼着咱們一塊兒走罷。[져마져야먼이쾌얼쥬바]
그러면 우리가 함씌 갑시다.

(某人) 我沒有工夫, 你們自己走罷。[워메우궁뿌늬먼쯔지쥬〔쥬〕바]
나는 겨를이 업소. 로형들 가시요.
(客) 不要客氣, 快走罷。[부야커치쾌쬬바]
사양 마시고 속히 갑시다.
(某人) 不是, 我真没有工夫。[부쓰워젼메우궁뿌]
아니요, 내가 참 겨르리 업슴니다.
(客) 啊, 上邊兒是很遠罷。[아썅벤얼쓰흔웬바]
아, 웃마을이면 미우 멈니다.
(某人) 不遠, 公園前邊兒就是大觀園。[부웬궁웬쳰벤얼쥬쓰따관웬]
머지 안소, 공원 압히 곳 대관원이올시다.

(客) 阿, 對, 對, 我想起來了。[아뒤
ᄉ워샹치릭라]
아 올소. 나난 싱각하엿쇼.
(某人) 這就是大觀園。[□□□
〈져쥬쓰〉따관웬]
이것이 곳 딕관원임니다.
(客) 是, 對麽, 進去罷。[쓰뒤마진
취바]
네, 올슴니가 드러갑시다.
(下人) 老爺來了麽? [롼예리라마]
영감, 오섯슴니가?
(客) 跑堂兒, 你拿菜單子罷。[퍄당
얼늬나채단즈바]
뎜원, 자네 음식 발기 가저오게.
(下人) 拿來了菜單子, 這以外還
有。[나래라치단즈져이왜히위]
치 단자 가져왓슴니다. 이외에도 쏘
잇슴니다.
(客) 那麽, 不拘甚麽, 好吃的都可以
拿來。[나마부쥐슴마핟의듸쑤커
이나릭]
그러면 무엇이든지 먹기 죠흔 것은
다 가져오시요.
(下人) 先拿甚麽酒呀? [쎈나슴마
쥬야]
먼져 무슨 술을 가져올가요?
(客) 先拿黃酒來。[쎈나황쥬릭]
먼져 黃쥬 가져오나라.
(下人) 奉天做的白酒很好, 怎麽
樣? [벙텬줘듸빅쥬흔핟졈마양]
봉텬셔 만든 빅쥬가 미우 죳사오니
엇져리가?
(客) 我們不要白酒, 拿黃酒罷。[워
먼부야빅쥬나황쥬바]
우리는 白쥬 스르니 황쥬 가져오시
요.
(下人) 拿到黃酒了。[나닫황쥬
라]
黃쥬 가져왓슴니다.
(客) 好熱酒啊, 略凉一凉兒罷。[핟
ᄉ려쥬아뤄량이량얼바]
미우 더운 놀〈술〉이니 대략 시겨라.
(客) 跑堂兒, 現成的魚翅菜沒有?
[퍄탕얼쎈청듸워츠치메위]
뎜원 시로 만든 어시치①가 업쇼?
(下人) 沒有, 燕窩麽, 有了。[메위
옌와마위라]
업소. 연화는 잇슴니다.
(客) 我喝醉了。[워허줴라]
나는 취ᄒᆞ엿슴니다.
(某人) 我也肚子飽了。[워예뚜쯔
밭라]
나도 빅부르오.
(客) 啊, 吃的彀了。[아츠듸꼬라]
아ㅣ 튿ᄉᆞ이 먹엇슴니다.
(某人) 你算帳來罷。[늬쏸쟝릭바]
노형 회게하여 오시요.
(下人) 通共算二十塊錢。[퉁궁쏸

---

① 어시치: 魚翅菜. 상어 지느러미로 만든 중국 음식.

얼의쾌쳰]
모도 이십 원이요.

(客) 咱們回去罷。[자먼회취바]
우리 도라갑시다.

第四十一課　養鳥

(甲) 這是甚麼鳥? [져쓰슴마쟈 [냐오]]
이것이 무슨 시요?
(乙) 那是黃雀。[나쓰황챠오]
그것이 춤시요.
(甲) 養在籠裏幾年? [양지룽리지녠]
롱 속에 몟 해나 질넛소?
(乙) 纔到兩年。[치단량녠]
인졔 겨우 두해요.
(甲) 我不愛黃雀。[워부애황챠오]
나는 참시를 사랑치 안소.
(乙) 你愛甚麼鳥? [늬애슴마쟈오]

로형이 무슨 시를 사랑ᄒᆞ시요?
(甲) 我愛雲雁。[워이윈옌]
나는 종달시를 사랑ᄒᆞ오.
(乙) 你不知道黃雀肉好吃。[늬부지단황챠오숴한의]
로형이 모르시요. 참시 고기 맛잇소.
(甲) 雀肉比牛肉怎麼樣? [챠오숴비뉴숴졈마양]
시고기가 소고기보다 엇더함니가?
(乙) 味道很好。[위단흔한]
맛이 미우 좃소.

第四十二課　健壯

(少) 老爺, 您今年多大歲數兒? [란예닌진녠둬쌰쉬슈얼]
영감, 당신이 금년 년치① 얼마심니가?
(老) 我啊, 今年七十五歲。[워야진녠치의우쉬]
나요, 금년 이른 다섯이요.
(少) 啊呀, 老爺很健壯。[아야란예흔쪤쟝]
아이구, 영감 건강함니다.

(老) 沒有的話, 軟弱得很。[메우듸화완숴더흔]
천만의 말이요. 미우 연약하오.
(少) 您的鬍鬚都白了。[닌듸후쉬쩌빌라]
로형의 수염은 다 히엿소.
(老) 人老了, 眼睛也看不真。[신롸라앤징예칸부전]
사람이 늘그면 참으로 눈도 보이지 안소.

---

① 년치(年齒): 歲數兒. 연치. 연세.

(少) 老爺, 您的耳朵怎麼樣？ [롼예넌듸얼둬졈마양]
영감, 당신이 귀는 엇덧슴니가?
(老) 耳朵也聽不眞。 [얼둬예팅부젼]

귀도 견여 들니지 안소.
(少) 老爺很有福的人哪。[롼예흔위쭈듸신나]
영감 미우 복이 잇는 이올시다.

第四十三課　雜貨店

(客) 掌櫃, 你們有襪子沒有？ [장궤늬먼위와쯔메위]
쥬인님, 당신들게 보손①이 업슴니가?
(主) 怎麼沒有, 你要甚麼襪子呢? [졈마메위늬얀슴마와쯔늬]
웨 업겟슴니가? 로형은 무슨 보손을 요구ᄒ시요?
(客) 我要上海襪子。[워얀쌍히와쯔]
나는 상히 양말을 요구ᄒ오.
(主) 你愛甚麼色兒？ [늬애슴마쌔얼]
당신은 무슨 빗츨 조와ᄒ시요?
(客) 我愛藍色兒, 還是靑色兒。[워애란쌔얼히쓰칭쌔얼]
나는 남식이나 쏘흔 쳥식을 죠와홉니다.
(主) 我們沒有靑色兒, 有白色兒。 [워먼메위칭쌔얼위비쎠얼]

우리는 쳥식이 업고 빅식이 잇슴니다.
(客) 沒有法子, 賣罷。[메위애쯔미바]
할 수 업소. 파시요.
(主) 你要幾雙襪子？ [늬얀지쌍와쯔]
로형이 보손 몟 쌍이나 쓰시랴오?
(客) 我要三雙(給我三雙)。[워얀싼쌍(게워싼쌍)]
내가 세 컬레 쓰랴오.(세 쌍 쥬시요)
(主) 給你三雙。[게늬싼쌍]
세 쌍이외다.
(客) 這一雙多兒錢？ [져이쌍둬얼쳰]
이 한 쌍에 얼마오니가?
(主) 這一雙三毛五賣的。[져이쌍싼맏우미듸]
이 흔 쌍에 三十五 錢에 파오.
(客) 爲甚麼賤呢？ [위슴마쥔늬]

---

① 보손: 襪子. 버선.

웨 쌈니가?
(主) 實在没有利, 你算算罷。[셜직메위리늬쏸ㄣ바]
사실 리①가 업소. 로형이 노아 보시요.
(客) 是, 你的話對了。[쓰늬듸화쒸라]
네, 로형 말이 올슴니다.

第四十四課　動身

(甲) 多咱開船麽? [둬잔키촨마]
언제 빅 써남니가?
(乙) 晚上十點鐘開船。[완썅쓰뎐즁키촨]
밤 열 시에 빅 써남니다.
(甲) 行李都預備好了没有? [싱리쭈위쎄하라메위]
힝쟝은 다 준비ᄒᆞ엿슴니가?
(乙) 就是護照還没下來哪。[쥬쓰후쫘히메쌰리아]
아직 려힝권이 나지 안엇〔슴니다〕.
(甲) 爲甚麽不下來呢? [위슴마부쌰리늬]
엇지ᄒᆞ야 나지 안엇슴니가?
(乙) 我也不知道, 這個事很怪。[워예부지단져거쓰흔괘]
나도 몰으겟슴니다. 이일은 미우 괴이ᄒᆞ오.
(甲) 你們家那兒呢? [늬면〔먼〕쟈나얼늬]
로형 틱은 어듸요?
(乙) 我們家就武昌, 道兒太遠, 累贅。[워먼쟈쥬우창단얼틔웬레웨]
우리 집은 무챵이요. 길이 멀어서 귀치안슴니다.
(甲) 可不是太遠麽。[커부쓰틔웬마]
엇지 미우 멀지 안켓슴니가?
(甲) 你今兒不能動身罷? [늬진얼부녕둥썬바]
로형 오날 못 써나시겟지요?
(乙) 不是, 護照下來就走, 太忙了。[부쓰후쫘쌰래쥬쩌태망라]
아니요, 려힝권이 나오면 곳 가겟소. 미우 밧븜니다.
(甲) 一會兒再見罷。[이회얼지잰바]
다시 봅시다.

---

① 리: 利. 이익. 이윤.

單語名稱

一盞燈 [이짠쩡] 등 한 기
一張紙 [이쟝쯰] 죵희 한 쟝
一張椅子 [이쟝이쯔] 의자 한 기
一陣大風 [이전따뻥] 일진 대풍
一劑藥 [이지얀] 한 졔 약
一架鐘 [이쟈즁] 괘종 하나
一件事情 [이졘쓰칭] 한 건 사졍
一件東西 [이졘둥시] 물건 한 기
一件衣裳 [이졘이샹] 옷 한 벌
一件文書 [이졘원슈] 문서 한 건
一隻船 [이지촨] 빈 한 쳑
一隻箱子 [이지샹쯔] 샹쟈 한 기
一隻鷄兒 [이지지얼] 닭 한마리
一隻手 [이지셔] 손 한 편
一枝花兒 [이지화얼] 일지 화
一枝笛 [이지듸] 져 한 기
一床褥子 [이챵슈쯔] 요 한 별
一床被 [이챵쩨] 이불 한 별
一封信 [이뻥신] 편지 한 쟝
一幅箋紙 [이약졘쯰] 쪽지 하나
一桿槍 [이깐챵] 총 한 개
一桿秤 [이깐쳥] 져울 한 개
一棵樹 [이쿼슈] 나무 한 쥬
一顆珠子 [이커쮸쯔] 구슬 한 뭉치
一口鍋 [이커쾨] 솟 한 개
一口刀 [이커단] 칼 한 개
幾口人 [지커신] 몟 사름
一塊錢 [이쾌쳰] 일 원(銀)

一塊墨 [이쾌머] 먹 한 개
一管筆 [이꽌쎄] 붓 한 자루
一綑草 [이쿤챠] 풀 한 뭇
一綑葱 [이쿤충] 파 한 뭇
一粒丸藥 [이리완얀] 환약 한 알
一粒米 [이리미] 살 한 알
一領席子 [이링씨쯔] 쟈리 한 개
一把扇子 [이쌔싼쯔] 붓치 한 자루
一把傘 [이쌔싼] 우산 한 개
一本書 [이썬슈] 칙 한 권
一匹驢 [이피뤼] 나귀 한 필
一疋布 [이피쑤] 뵈 한 필
一道河 [이단허] 강 한 쥴기
一道橋 [이단쟈〔챠〕] 다리 한아
一套衣裳 [이탄이샹] 옷 일습
一套書 [이탄슈] 칙 한 갑
一條道兒 [이탄단얼] 길 한 쥴기
一條線 [이탄쎈] 실 한 오리
一條繩子 [이탄쎵쯔] 노 한 못
一條虹 [이탄짱〔쟝〕] 무지개 한 쥴기
一貼膏藥 [이테싼얀] 고약 한 쟝
一朵花 [이둬화] 꼿 한 송이
一頭牛 [이투누] 소 한 머리
一坐〔座〕山 [이쒀산] 산 하나
一坐〔座〕塔 [이쒀타] 탑 하나
一尾魚 [이웨위] 고기 한 마리
一位客 [이위커] 손님 한 분

一鋪炕 [이푸캉] 온돌 한 간
一包糖 [이빠탕] 사탕 한 봉지
一雙鞋 [이쌍셰] 신 한 커리
一雙襪子 [이쌍와쓰] 보손 한 커리

數目寫法

(甲) 你數目寫的法子知道麽？ [늬슈□〈무〉쎄듸애쓰지단□〈마〉]
로형이 수자 쓰는 법 아시요？

(乙) 我不知道, 您請教給我罷。[워부지단닌칭쟈쎄워바]
나는 모름니다. 쳥컨대 로형이 나를 가르켜 주요.

(甲) 我告訴你, 平常的數目都用小寫字。[워싼쑹늬핑챵듸슈무쭈융쌰쎄쓰]
늬가 로형게 말ᄒ지요. 보통 수는 다 젹은 자를 써서 씁니다.

(乙) 平常的是怎麽寫的法子呢？ [핑챵듸쓰점마쎄듸애쓰늬]
普通이라 ᄒ는 것은 엇더케 쓰는 법이오니가？

(甲) 蘇州碼兒記數兒很方便, 應當是怎麽個寫法？ [쏘쥬마얼지수얼흔팡뺀잉당쓰점마거쎄애]
소주마 기수가 미우 편리ᄒ듸 사실이 이러케 쓰는 법입니다.

1. 一是一道兒。丨 [이쓰이닾얼]
ᄒ나은 일노로 丨
2. 二是兩道兒, 一筆長, 一筆短。∥ [얼쓰량닾얼이쎄창이쎄똰]
두흘은 두 길로 ᄒ나은 길고 ᄒ나은 짤게 ∥
3. 三是三道兒。川 [싼쓰싼닾얼]
셋은 세 길로 川
4. 四是個叉〔乂〕字。乂 [쓰쓰거이쓰]
넷은 이싸가치 乂
5. 五是彷佛葫芦兒似的。8 [우쓰ᄬ후루얼쓰듸]
다섯은 호로와 방불ᄒ게 닮음 8
6. 六是一拐。ᄂ [루쓰이괘]
여섯은 ᄒ나을 쇠움 ᄂ
7. 七是一拐加一橫。ㅗ [치쓰이괘 쟈[쟈] 이횡]
칠은 일괴에 가로 ᄒ나을 가함 ㅗ
8. 八是一拐加兩橫。ㅛ [빠쓰이괘 쟈[쟈] 랴[량] 횡]
팔은 일괴에 가로 두흘를 가함 ㅛ
9. 九是漢字如文字兒似的。之 [쥬쓰한쓰유[쥬] 원쓰얼쓰듸]
구는 한즈에 문즈와 가치 달멋슴 之
10. 零是一個圈兒, 跟外國的法子一樣。○ [링쓰이거췐얼껀왜궈듸 애쓰이양]
영 수는 노리 공을 한나ᄒ는듸 외국 법과 가흠 ○

百家姓續〔續〕

趙錢孫李 [쟈쳰순리]	金魏陶姜 [진위탄쟝]
朱奏〔秦〕尤許 [쥬진유쉬]	奚範彭郞 [시앤앵랑]
戚謝鄒喻 [치어취위]	鄷鮑史唐 [엥빠어시탕]
魯韋昌馬 [루웨챵마]	郝鄔安常 [허우안챵]
費廉岑薛 [페롄진쉐]	顧孟平黃 [꾸멍핑황]
樂于〔于〕時傳〔傳〕 [뤼우시후]	米貝明臧 [미페밍장]
和穆蕭尹 [허무쐬[쌰] 윤]	項祝董梁 [쌍주쭝랑]
計伏成戴 [지얘쳥떠]	江童顔郭 [쟝쭝옌쥐]
杜阮藍閔 [뚜완란민]	梅盛林刀〔刁〕 [매셩린땨]
周吳鄭王 [쥬우쩡왕]	虞萬支柯 [우[위] 완지거]
何呂施張 [허위[뤼] 스쟝]	丁宣賁鄧 [덩쉔뻔떵]
柏水竇章 [버쉬떠쟝]	程嵇邢滑 [졍쥐취화]
苗鳳花方 [먀웡화방]	芮羿儲靳 [쉐이쥐진]
雷賀倪湯 [뤠허이[니] 탕]	全郗班仰 [챤시앤양]
皮卞齊康 [피뺀여캉]	寧仇欒暴 [닝쥬롼파]
姚邵湛汪 [야죠쨘왕]	葉幸司韶 [예싱쓰챠]
談宋茅龐 [단숭맏팡]	索咸籍賴 [쏘한지래]
席季麻强 [시지마쟝]	聞莘党翟 [□〈원〉씬딴듸]
馮陳褚衛 [풍쳔쥬웨]	鍾徐邱駱 [즁쉬쥐뤄]
孔盲〔曹〕嚴華 [쿵쟈엔화]	岔管盧莫 [쟌꽌루맏]
雲蘇潘葛 [윈소판꺼]	郁單杭洪 [위단항훙]
俞任袁柳 [위인[신]왠류]	裴陸榮翁 [페루잉[숭]옹]
藤殷羅畢 [텅인뤄삐]	汲邴糜松 [시삥□〈미〉숭]
伍余元卜 [우유웬뿌]	秋仲伊宮 [츄중이궁]
祁毛禹狄 [지맏우디]	甘鈄厲戎 [깐됴리룽[숭]]
熊紀舒屈 [훙즤지규]	郜黎薊薄 [까리치얘]
賈路婁危 [쟈루류위]	卓藺屠蒙 [줘리땨뭉]
蔣沈韓楊 [쟝신한양]	譚貢勞逢 [단꿍뤄팡]

高夏蔡田 [까샤치톈]　　柴瞿閻充 [치쥬옌충]
經房裘繆 [징팡쥬먀오]　　戈廖庚終 [꼬료껑중]
包□〈諸〉左石 [판쥬줘씨]　　廣祿闕東 [꽝루췌둥]
荀羊於惠 [슌양□〈위〉휘]　　晁勾敖融 [쟈오꼬오융]
井段富巫 [징□〈돤〉뿌우]　　養鞠須豊 [양쥐쉬풩]
牧隗山谷 [무위싼꾸]　　蓋益桓公 [까이이환공]
祖武符劉 [쥬우푠류]　　聞人東方 [원신뚱팡]
印宿白懷 [인수비홰]　　宗政濮陽 [쭝졍뿌양]
池喬陰盃〔郁〕[즈챠오인웨]　　軒轅令狐 [쉔웬링후]
姬申扶堵 [의신푸두]　　邊扈燕冀 [벤□〈후〉옌□〈지〉]
樊胡凌霍 [판후링훠]　　慕連茹習 [무롄류시]
干解應宗 [간셰잉중]　　暨居衡步 [지쥐헝뿌]
崔吉鈕龔 [취지뉴꿍]　　歐殳沃利 [워추우리]
甄麴家封 [좐취쟈펑]　　冷訾辛闞 [렁즈신깐]
烏焦巴弓 [우쵸〔쟈오〕파꿍]　　巢關蒯相 [챠오꽌퀘샹]
車侯宓□〈蓬〉[쳐후호펑]　　万俟司馬 [무지쓰마]
景詹束龍 [징쟌수룽]　　赫連皇甫 [허롄황부〔푸〕]
蒲邰□〈從〉鄂 [푸태쭝어]　　□〈淳〉于單于 [춘유싼유]
胥能蒼雙 [쉬넝창쐉]　　鍾離宇文 [즁리유원]
冉宰酈雍 [연자리용]　　郟浦尚農 [쟈푸샹눙〔눙〕]
却璩桑桂 [시지상귀]　　宦艾魚容 [환애위용]
溫別莊晏 [온볘좡얀]　　都□〈耿〉滿弘 [뚜껑 만훙]
向古易愼 [샹구이쳔]　　蔚越夔隆 [위웨퀘룽]
匡國文寇 [관〔꽝〕궈원쿈]　　那簡饒空 [나쟨□〈샨〉쿵]
師鞏庫聶 [쓰꿍쿠녜]　　査後荊紅 [차훠괴훙]
曾母沙乜 [쩡뭉셰메]　　上官歐陽 [썅꽌유양]
遊竺權逮 [유쮜췐루]　　尉遲公羊 [위즈꿍양]
夏候〔侯〕諸葛 [샤후□〈주〕까]　　太叔申屠 [태쑤신뚜]
澹台公冶 [단디꿍예]　　長孫慕容 [챵쑨먀용]
公孫仲孫 [꿍쑨쥥쑨]　　鮮于閭丘 [셴위뤼쥬]
濮牛壽通 [쁙누셔퉁]　　顓孫端木 [좐순돤무]

拓拔夾谷 [토쌔쟈구]
段干口〈百〉里 [돤간쎄리]
岳帥緱亢 [얀쓰 [쒜] 후캉]
商牟佘佴 [앙뮤죄내]
第五言福 [듸우엔뿌]
司徒司空 [쓰도쓰쿵]
巫馬公西 [우마꿍시]
宰父穀梁 [저뿌꾸량]
東郭南門 [둥꿔난먼]
況后有琴 [황훠위진]
伯賞南宮 [쎄샹난궁]
百家姓續 [쎄쟈싱슈]

亓官司寇 [지관쓰관 [쿼]]
漆雕樂正 [치댜둬정]
晉楚閩〔閻〕法 [진추인 [얀] 빠]
呼延歸海 [후얜귀히]
梁丘左丘 [량쥬줘쥬]
墨哈譙笪 [미 [머] 하챠단]
仇督子車 [잔쭈쯔쩌]
壤駟公良 [양쓰꿍량]
汝鄢涂欽 [루엔두진]
羊舌微生 [양셔와엉]
東門西門 [둥먼시먼]
年愛陽佟 [녠이양농]

斤求兩法

斤求兩法的口訣記住了, 要算每兩的 價錢多少也行。[진쥬량빠듸쿠웨 지주라얀싼메향 [량] 듸쟈쳔둬쏘예 싱]
근구 량법의 口결을 기억ㅎ여 두면 민 량의 갑 多少를 계산ㅎ는 데 씀니다

一是六二五。[쓰]
二是一二五。[쓰]
三是一八七五。[쓰]
四是二五。[쓰]
五是三一二五。[쓰]
六是三七五。[쓰]
七是四三七五。[쓰]
八是四五。[쓰]
九是五六二五。[쓰]

十是六二五。[쓰]
十一是六八七五。[쓰]
十二是七五。[쓰]
十三是八一二五。[쓰]
十四是八七五。[쓰]
十五是九三七五。[쓰]

以上에 一是난 兩重을 代表한 것인 데 萬若 一斤에 (十六兩一斤) 一 圓六十錢 순藥인듸 一兩重에 얼 마식이나 먹엇나 보려면 一是 六二五라난듸 一六으로 乘ㅎ면 一 兩의 價가 알게 됨.
一斤에 一圓六十錢자리 藥을 五兩重 에난 얼만가 하면 五是三一二五에 一六을 乘하시요. 그러면 반드시 五十錢이라난 答이 나지요. 이갓

치 便利한 算法이올시다.
이 算法으로난 數盤도 죠코 筆算도
좃사오니 곳 머리에 긔억하여야

엇더한 경우에든지 곳 쓸 수 잇난
것이올시다.

兩求斤法

一是一六。[쓰]
二是三二。[쓰]
三是四八。[쓰]
四是六四。[쓰]
五是八。[쓰]
六是九六。[쓰]
七是一一二。[쓰]
八是一二八。[쓰]
九是一四四。[쓰]
十是一六。[쓰]
十一是一七六。[쓰]
十二是一九二。[쓰]
十三是二零八。[쓰ㄹ]

十四是二二四。[쓰]
十五是二四。[쓰]
十六是二五六。[쓰]
十七是二七二。[쓰]
十八是二八八。[쓰]
十九是二零四。[쓰ㄹ]
二十是三二。[쓰]

이것은 斤을 兩으로 速히 아난 法
이외다. 一是 或은 二是하난 것
은 斤을 表함이외다. 그리하야 一
是一六라난 것이 한 斤은 十六兩
이고 二是三二하난 것은 二斤은
三十二兩이라 함이외다.

手的算法(一名小九九完)

一上一。[쌍]
二上二。[쌍]
三下五除二。[샤 추]
四下五除一。[샤 추]
五去五進一。[취 연]
六上一去五進一。[쌍 취 진]
七上二去五進一。[쌍 취 진]
八除二進一。[추 진]
九除一進一。[추 진]

一上一。[쌍]
二下五除三。[샤 추]
三上三。[쌍]
四除六進一。[추 진]
五上五。[쌍]
六上六。[쌍]
七除三進一。[추 진]
八除二進一。[추 진]
九除一進一。[추 진]

乘法叠幷數（一名大九九）

寶塔 [반타]
一一如一 [위]
一二如二 [위]
二二如四 [위]
一三如三 [위]
二三如六 [위]
三三如九 [위]
一四如四 [위]

二四如八 [위]
三四十二
四四十六
一五如五 [위]
二五得十 [더]
三五十五
四五得二十 [더]
五五二十五

附錄單語

가

晴天 [칭텐] 개인 날
雲彩 [윈채] 구름
濛鬆雨 [멍쑴위] 가랑비
礦窑 [쾅얃] 광산
山嶺 [산링] 고기
道兒 [쏘얼] 길
岔道 [차단] 갈임길
近道兒 [진단얼] 갓가운 길
街上店鋪 [제썅뎬푸] 거리 가기
街上 [제썅] 거리
道兒上 [단얼썅] 길 우
金礦 [진쾅[랑]] 금광
吉林省 [지린셩] 길임성
江蘇省 [쌍쑤셩] 강소성
江東 [쌍쭝] 강동
江西 [쌍시] 강서

廣東 [쾅쭝] 광동
廣西 [쾅시] 광서
貴州府 [쉬쪈왹] 귀쥬부
傍兒 [팡얼] 겻
那邊兒 [나벼얼] 그쪽
橫綫 [훙 [훙] 쎈] 가름선
竪的 [쑤듸] 기리
嘎拉兒 [까라얼] 구셕
妞兒 [뉴얼] 게집아히
姑父 [쿠왁] 고모부
繼母 [지무] 게모
丫鬟 [야환] 게집으 회종
教習 [쟈시] 교사
做官 [쒀관] 관리
當差使 [땅채쓰] 관리
警察 [징차] 경관
經紀 [징지] (仲介) 거관
唱戲的 [창씌듸] 광듸

花子 [화쯔] (乞人) 거ㅣ지
強盜 [챵따오] 강도
腦袋 [나오딕] 골
耳朵 [얼둬] 귀
耳輪 [얼룬] 귀박휘
耳矢 [얼쓰] 귀지
鹹菜 [쎈치] 김치
套間 [타오진] 골방
黍子 [슈쯔] 기쟝이
大黃米 [따황미] 기쟝살
辣椒 [라쟈오] 고초
茄子 [쳬쯔] 가지
白薯 [쌔슈] 감자
地瓜 [듸꽈] 감자
土〔土〕道子 [투단쯔] 감자
揝布 [잔쌘] 걸네
剪子 [졘쯔] 가위
鏡子 [징쯔] 거울
靴子鋪 [쉐쯔푸] 구두방
果鋪 [과푸] 과물젼
用錢 [융쳰] 구젼(구문)
結賬 [졔쟝] 결산
皇宮 [황궁] 궁
衛〔衙〕門 [야먼] 관쳥
欽差公館 [친채꿍꽌] 공사관
公使館 [꿍쓰꽌] 공사관
監獄所 [졘위쑤] 감옥소
巡警局 [쉰징쥐] 경찰셔
客車 [커쳐] 긱차
轎子 [쟈오쯔] 가마
連鬢〔鬢〕鬍子 [롄쎈후쯔] 구레수염

咳嗽 [커쏘우] 기침
胸膛 [슘탕] 가슴
胳肢窩 [꺼지워] 겻으랑이
骨盤〔盆〕 [꾸판] 골판
舒腕 [슈완] 기지게 펴다
感冒 [깐마오] 감긔
聾子 [룽쯔] 귀머거리
駝背 [튀쎄] 곱사등이
長袍 [챵파오] 관복
官帽兒 [꽌마올] 관모
冬帽 [뚱마오] 겨울 모즈
暖帽 [난마오] 겨울 모즈
夾衣裳 [쟈이쌍] 겹옷
縧子 [탸오쯔] 끈
頂針兒 [띵쪈얼] 골무
鉗子 [쳰쯔] 귀고리
貢緞 [꿍딴] 공단
點心 [뎬신] 과즈
麵 [몐] 국슈
咖啡 [싸웨] 가피
開水 [쾌쉬] 쓸는 물
淸醬 [칭쟝] 간쟝
芥末 [졔머] 겨즈가루
近衛兵 [진웨삥] 근위병
工程隊 [꿍쳥뒤] 공병대
軍樂隊 [쥔웨뒤] 군악대
國民兵 [쿼민삥] 국민병
看護兵 [칸후삥] 간호병
軍團 [쥔단〔퇀〕] 군단
攻城炮 [꿍쳥파오] 공셩포

機關炮 [지꽌퐌] 기관포
釗 [젠] 검
軍旗 [퀀치] 군긔
軍機庫 [퀀지쿠] 군긔챵
官兵 [꽌삥] 관병
救兵 [쥬삥] 구완병
軍港 [퀀쟝[강]] 군항
兵船 [삥촨] 군함
驅逐艦 [취주쎈[젠]] 구축함
機關房 [지꽌빵] 긔관실
交戰 [쟈잔] 교젼
議和 [이허] 강화
狗熊 [꼬슝] 곰
狗 [꼬] 개
猫 [먀오[먀오]] 고양이
鯨魚 [칭위] 고릭
孔雀 [쿵챠오] 공쟉
雁 [옌] 기럭이
老鴉 [라오쩌] 가마귀
喜鵲 [시챠오] 까치
黃鶯 [황잉] 꾀꼬리
野鷄 [예지] 꿩
鵝 [어] 거위
羽毛 [위모] 깃
金魚 [진위] 금붕어
比目魚 [삐무위] 가자미
金龜 [진꿰] 거북
螃蟹 [팡쎼] 게
密〔蜜〕蜂 [미빵] 쓸벌
蜘蛛 [즤쥬] 거미
蟋蟋兒 [쉬쉬얼] 귀뚜람이

火虫兒 [훠충얼] 개똥버레
蛤蟆 [하머] 개고리
蛆 [취] 구덕이
前年 [쳰녠] 그러게
花 [화] 꼿
蕨菜 [줴차이] 고사리
金剛石 [진깡씌] 금강석
金 [진] 금
金葉子 [진예쯔] 금박
鋼鐵 [깡테] 강철
大後天 [따후톈] 글피
前天 [쳰톈] 그젹게
大前天 [따쳰톈] 그그젹게
今年 [진녠] 금년
回頭 [회투] 고대

나

雪 [쉐] 눈
擺渡 [빼뚜] 나루
水田 [쉬톈] 논
莊稼地 [좡쟈듸] 농쟝
南京 [난징] 남경
南 [난] 남
南邊兒 [난볜얼] 남쪽
娘兒們 [냥얼먼] 녀쟈들
姐姐 [졔졔] 누님
妹妹 [메메] 누이
姑表弟兄 [꾸뺘오듸쓩] 내외죵간
家姐 [쟈졔] 누이
丫頭 [야투] 녀종

眉毛 [메마] 눈섭
眼睛 [얜징] 눈
眼球兒 [얜취얼] 눈동즈
眼淚 [얜레] 눈물
眼脂兒 [얜쯔얼] 눈곱
眼皮子 [얜피쯔] 눈가죽
大腿 [따퉤] 넙적다리
塌鼻子 [타쎄쯔] 넙적코
矮胖子 [애팡쯔] 난쟁이
洋爐子 [양루쯔] 날로
刷牙子 [쫘야쯔] 닛쏠
內閣 [네쩌] 내각
農業學堂 [눙예쏸탕] 농업학교
農業學校 [눙예쏸꺄오 [쌴]] 仝 [농업학교]
櫓 [루] 노
騾馬 [뤄마] 노새
騾子 [뤄쯔] 노새
驢 [뤼] 나귀
翅膀兒 [치쌍얼] 날기
章魚 [장위] 낙지
蝴蝶兒 [후데얼] 나비
蠶 [짠] 누에
勤娘子 [친냥쯔] 나팔꽃
樹木 [쑤무] 나무
樹根 [쑤건] 나무뿌리
樹梗 [쑤겅] 나무줄기
樹枝兒 [쑤즤얼] 나무가지
鉛 [첸] 납
四平街 [쓰핑졔] (쓰앵기)네거리
明天 [밍텐] 닉일

天天兒 [텐ㄱ얼] 날마다

다

月亮 [웨량] 달
太陰 [틔인] 달
大風 [따앵] 대풍
熱天 [서텐] 더운 날
冬至 [쭝쯔] 동지
繞道兒 [쌰단얼] 도난 길
頭石 〔石頭〕 [투읜 [읙투]] 돌
地動 [듸둥] 디진
銅礦 [퉁쏭 [쾅]] 동광
東洋 [쭝양] 동양
東三省 [쭝싼성] 동삼성
大連 [따롄] 대련
洞庭湖 [퉁팅후] 동정호
後頭 [훠투] 뒤
正對面 [졍쮜멘] 뒤면
小嬸兒 [쌰언얼] 뎨수
連襟兒 [롄진얼] 동셔 (동셔)
令愛(小姐) [링이(쌰졔)] 짜님
女兒 [뉘얼] 쌀
中堂 [쯍탕] 대신
道士 [다쓰] 도사
夥計 [훠지] 동사하난 사람(동무)
徒弟 [투듸] 뎨자
裱糊匠 [쌰후쟝] 도빅쟝이
賊 [제] 도적
痰 [탄] 담
脊梁背兒 [지량쌔얼] 등
穀道 [꾸다] 쏭구멍

背骨 [쩨쑤] 등쎠
出恭 [추꿍] 똥 누다
出汗 [추한] 쌈난다
發抖 [얘쮜] 썰닌다
頭疼 [투텅] 두통
禿子 [투쯔] 대머리
長褂子 [창과쯔] 두루마기
領帶 [링쩨] 동졍
腿帶兒(腿帶子) [퉈쩌얼(퉈쩌쯔)] 단임
氈子 [잔쯔] 담요
鈕予〔子〕 [뉴쯔] 단추
鈕子眼兒 [뉴쯔앤얼] 단추구멍
晌飯 [쌍앤] 뎜심밥
醋 [추] 초
鷄肉 [닭[지] 쒀]고기지[닭고기]
猪肉 [주쒀] 도야지고기
猪 [주] 도야지
鷄蛋 [지짠] 닭의 알
元宵餠 [웬쌰솅] 썩국
院子 [웬쯔] 뜰
大門 [따먼] 대문
正房 [정팽] 대쳥
橙〔燈〕子 [셩쯔] 등상
橃〔墩〕子 [쭌쯔] 도마
臉盆 [렌쩬] 대야
燈火 [셩훠] 등불
燈籠 [셩룽] 등롱
圖書 [투쓔] 도쟝
當鋪 [쌍푸] 뎌당포
擔保 [짠밨] 담보

挂號 [쫘홛] (書留) 등기
宮殿 [꿍뗸] 대궐
圖書館 [투쓔관] 도셔관
大學堂 [따쒜탕] 대학교
動物園 [쑹우웬] 동물원
蓬 [펑] 돗
大隊 [따뒤] 대ᄭᅳ
地雷 [듸레] 듸뢰
擔架 [짠쟈] 담가
頓數〔首〕 [쭌쓔] 돈수
燈臺 [셩태] 등대
同盟 [퉁멍] 동맹
杜鵑 [두젠] 두견
家鷄 [쟈지] 닭
蝸牛 [쫘뷰] 달팽이
紅棗兒 [훙쌰얼] 대죠(대추)
楓樹 [펑우] 단풍
藤蘿 [텅뤄] 등
銅 [퉁] 동
大理石 [따리쒹] 대리셕

라

硫黃 [류황] 류황
旱地 [한듸] 륙디
旱路 [한루] 륙로
路上 [루앙] 로샹
年老的 [녠랖듸] 로인
剃頭的 [틔투듸] 리발사
跑堂兒 [퍈팅 [탕] 얼] 료리졈 쏘이
印堂 [인탕] 량미간

講書堂 [쟝슈탕] 레비당
福音堂 [얜인탕] 레비당
陸軍 [루쥔] 륙군
糧食 [량싀] 량식
駱駝 [뤄퉈] 락타
落花生 [뤄화셩] 낙화싱
蘭花 [란화] 란초
荷 [허] 연꽃
洋燈 [양덩] 람푸

마

虹 [쌍 [쟝]] 무지개
死衚衕 [쓰후퉁] 맥힌 골목
上潮 [썅챠오] 밀물
水坑子 [쉬컹쯔] 물웅덩이
波浪 [쌔랑] 물결
砂子 [싸쯔] 모릭
土(塵埃) [투(천매)] 몬쥬
墳地 [옌듸] 무덤
滿洲 [만쥬] 만쥬
太太 [태태] 마님
如夫人 [수얘인] 마마
令姐 [링졔] 매씨
武官 [우관] 무관
文官 [운관] 문관
馬夫 [마얙] 마부
看門的 [칸먼듸] 문직이
木匠 [무쟝양] 목수
泥匠 [늬쟝] 미쟝이
身上 [션썅] 몸

心 [신] 마음
頭 [퉈] 머리
頭髮 [퉈얘] 머리칼
頭泥 [퉈늬] 머리씪
脖子 [쌔쯔] 목
嗓子 [쌍쯔] 목구멍
心窩子 [신워쯔] 명문
波棱蓋兒 [쌔렁쌔얼] 무릅
瘋子 [엉쯔] 밋친 사람
殘癈 [찬얘] 문둥이
馬褂子 [마꽈쯔] 모과자
帽子 [맏쯔] 마즈
帳子 [쟝쯔] 모기쟝
絲綫 [쓰셴] 명쥬실
夏布 [쌰부] 모시
綢子 [쳐쯔] 명쥬
麵包 [멘봐] 면보
饅頭 [만퉈] 만투
餃子 [쟈오쯔] 만두
地板 [듸쌘] 마루
賬房 [쟝앙] 문셔방
澡湯 [쟈오탕] 목욕간
馬棚 [마펑] 마구간
粳米 [징미] 맷살
蘿葍〔蔔〕 [뤄쌔(뤄빈)] 로비 (무)
蒜 [쏸] 마눌
芹菜 [친얘] 미나리
山藥 [싼야오] 마
水缸(水缸子) [쉬깡(쉬깡쯔)] 물동이
吊桶(水桶) [댜오퉁(쉬퉁)] 물통

激筒 [지퉁] 무자위
樿〔揮〕子 [짠쯔] 문지털기
斗 [떠] 말
墨盒兒 [머허얼] 갑
兵學堂 [삥쑈탕] 무관학교
馬車 [마쪠] 마차
野猪 [예쥬] 멧도야지
馬 [마ㅣ] 말
鷹 [잉] 매
鱉魚 [민위] 민어
蚊子 [원쯔] 모기
螞蚱 [마자] 멋쪽이
蛉螂 [링랑] 매암
無花果 [우화과] 무화과
壯〔牡〕丹花 [무단화] 목단화

바

雨 [위] 비
風 [옝] 바람
閃 [싼] 번기
霹靂 [피리] 벼락

海 [해] 바다
大石頭 [따쒹퉈] 바우돌
奉天 [옝톈] 봉텬
白河 [쎄허] 빅하
瀋陽湖 [션양후] 심양호
斜對面 [쎄쒸멘] 비스틈이
北邊兒 [쎄볜얼] 복족
大爺 [따예] 빅부
大娘 [따냥] 빅모
夫妻 [꽉치] 부부(내외)
夫人 [꽉신] 부인
令兄 [링씅] 빅씨
民人 [민신] 빅셩
百姓 [배싱] 빅셩
訟師 [숭쓰] 변호ᄉ
大律師(律師) [따뤼쓰(뤼쓰)] 변호ᄉ
屠戶 [투후] 백쟝
腮頰 [쌔쟈] 쌤
肚子 [뚜쯔] 빈
肚臍眼兒 [뚜쒸옌얼] 빈쏩

速修 無先生 中國語自通

白松溪 著

京城 永昌書館 發行

無先生速修 中國語自通目次

目次

- 胃腸圖解
- 手足圖解
- 第一 數字 ………… 一
- 第二 數量 ………… 二
- 第三 里數 ………… 二
- 第四 寸尺 ………… 三
- 第五 斗數 ………… 三
- 第六 斤數 ………… 四
- 第七 貨幣 ………… 五
- 第八 禮拜 ………… 五
- 第九 四時 ………… 六
- 第十 月數 ………… 六
- 第十一 日數 ………… 七
- 第十二 時數 ………… 八
- 第十三 解說部

- 第壹課 儞我他 ………… 一三
- 第二課 這個那個 ………… 一四
- 第三課 這兒那兒 ………… 一五
- 第四課 紙舖 ………… 一六
- 第五課 貴姓 ………… 一七
- 第六課 天氣 ………… 一九
- 第七課 早朝朋友 ………… 二一
- 第八課 買卵 ………… 二二
- 第九課 買帽 ………… 二三
- 第十課 故友買賣 ………… 二五
- 第十一課 買糖去 ………… 二六
- 第十二課 來朋友 ………… 二八
- 第十三課 找遠方朋友 ………… 二八
- 第十四課 找朋友 ………… 二九
- 第十五課 上學堂 ………… 三一

目次

第十六課　車站　…………………………三二
第十七課　到客棧　………………………三五
第十八課　客棧裏　………………………三九
第十九課　房子　…………………………三九
第二十課　電報局　………………………四〇
第二十一課　溜達去　……………………四三
第二十二課　送別　………………………四六
第二十三課　坐船　………………………四七
第二十四課　商路　………………………四九
第二十五課　先生及學生　………………五二
第二十六課　看書　………………………五四
第二十七課　戎字　………………………五五
第二十八課　早起　………………………五六
第二十九課　成衣舖　……………………五九
第三十課　衙門　…………………………五九
第三十一課　審判廳　……………………六〇
第三十二課　問病　………………………六一
第三十三課　醫門病答　…………………六三
第三十四課　友死悲感　…………………六五
第三十五課　久仰久仰　…………………六七
第三十六課　過年　………………………六八
第三十七課　屋裏　………………………七〇
第三十八課　食堂　………………………七一
第三十九課　料理店（一）………………七二
第四十課　　　　　　（二）………………七三
第四十一課　健壯　………………………七六
第四十二課　養鳥　………………………七七
第四十三課　雜貨店　……………………七八
第四十四課　動身　………………………七九
第四十五課　禮拜堂　……………………一二七
第四十六課　王刀票　……………………一二七
第四十七課　甚麼人　……………………一二八
第四十八課　清賬　………………………一三〇

1、數目寫法　………………………………八二

2、單語名稱	八〇
3、斤求兩法	八七
4、手的算法	八八
5、乘法疊併法	八八
6、兩求斤法	八八
―附錄―	
1、가部	八九
2、나部	九五
3、다部	九七
4、라部	一〇〇
5、마部	一〇一
6、바部	一〇三
7、사部	一〇七
8、아部	一一二
9、자部	一一七
10、차部	一二一
11、카部	一二三
12、타部	一二三
13、파部	一二三
14、하部	一二四
―百家姓續―	

胃腸圖解

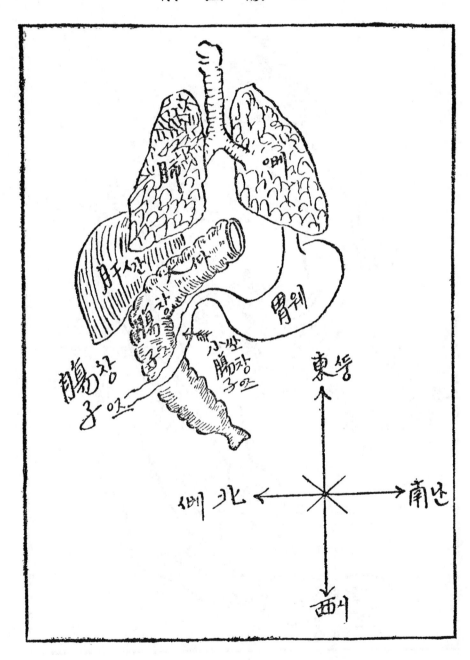

手足圖解

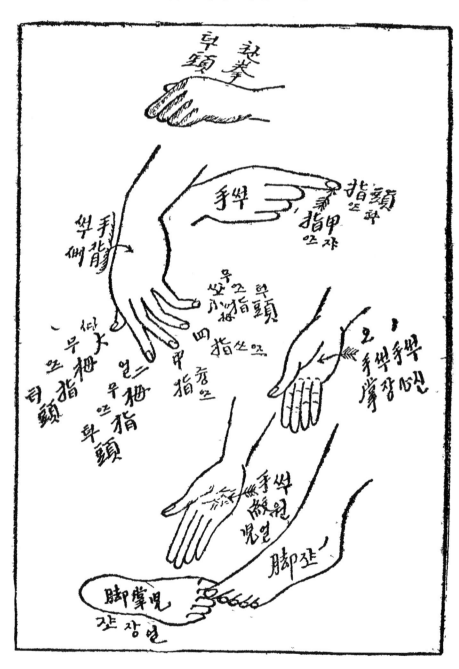

無先生速修 中國語自通 永昌書館藏版

第一 數字

| 一이 | 二얼 | 三싼 | 四쓰 | 五우 | 六륙 | 七치 | 八빼 | 九쥬 |

| 하나 | 둘 | 셋 | 넷 | 다섯 | 여섯 | 일곱 | 여덟 | 아홉 |

| 十쒹 | 百배 | 千첸 | 萬완 | 一이萬완 | 一이億이 | 一이兆쨔 | 一이京징 |
| 열 | 빅 | 천 | 만 | 억 | 억 | 죠 | 경 |

第二 數量

| 一이個거 | | | | | | | |
| 개 | | | | | | | |

兩량個거	두개
三산個거	세개
四쓰個거	네개
五우啊아	다섯시라
六륙啊아	여섯이라
第듸一이	뎨일
第듸二얼	뎨이
第듸三싼	뎨삼
第듸十씌	뎨십
第듸一이百빅	뎨일백
第듸一이千쳰	뎨일천
第듸一이號하	뎨일호

第三 里數

第듸二얼號하	뎨이호
第듸三싼號하	뎨삼호
第듸十씌號하	뎨십호
來릭多둬個거	근십여개
十씌來릭多둬個거	십여개
十씌多둬	근십리
一이百빅多둬個거	백여개
一이千쳰多둬	천여개
三산分뿐之즈一이	삼분치일
四쓰分뿐之즈三산	사분지삼
十씌分뿐之즈七치	십분지칠

第四 寸尺

一里 이리 — 일리
二십里 이열리 — 이리
三싼里 이싼리 — 삼리
一百五十里 이백우씍리 — 일빅오십리
一分 이뿐 — 일분
一寸 이춘 — 한치
一尺 이치 — 한자
一丈 이장 — 한발
一匹 이피 — 한필

第五 斗量

一勺 이샾 — 일작
一合 이허 — 일합
一升 이승 — 한되
一斗 이두 — 한말
一斛 이후 — 하말
一斜 이샤 — 닷말(五斗)
一石 이단 — 한섬

第六 斤數

一錢 이첸 — 한돈
一兩 이량 — 한양
一斤 이진 — 한근
一磅 이쌍 — 十二兩重
一擔 이돤(돤) — 백근
一噸 이둔 — 한돈

第七 貸幣

兩량一이 個거個거 銅둥銅둥 錢쯔錢쯔 兒얼兒얼	三싼三싼三싼 塊쾌塊쾌塊쾌 錢쳰錢쳰錢쳰	兩량一이 角쟈角쟈角쟈 錢쳰錢쳰錢쳰	九쥬二얼一이 分뿐分뿐分뿐 錢쳰錢쳰錢쳰

동전두푼 동전한푼 삼원 이원 일원 삼십전 이십전 십전 구전 이전 일전

兩량一이 元웬元웬	九쥬三싼 毛맢毛맢毛맢毛맢	兩량一이 個거個거個거個거 錢쯔錢쯔錢쯔錢쯔 兒얼兒얼兒얼兒얼	九쥬三싼 個거個거 銅둥銅둥 錢쯔錢쯔 兒얼兒얼

동전서푼 동전구푼 일전 이전 삼전 구전 십전 이십전 삼십전 구십전 일원 이원

三元원	三산元웬
一毛우五얼	一이맛毛우五個錢거兒
一毛우五거얼	一이맛毛우五個錢兒
一毛첸	一이맛毛錢첸
兩량	兩량毛錢첸
三毛錢	三산毛錢첸

第八 禮拜

禮拜日	禮배日이
星期日	星싱期치日이
禮拜一	禮리拜배一얼
禮拜二	禮리拜배二얼
禮拜三	禮리拜배三산

| 삼원 |
| 십오젼 |
| 십오젼 |
| 십젼 |
| 이십젼 |
| 삼십젼 |

| 예배일 |
| 공일 ✦ |
| 월요일 |
| 화요일 |
| 슈요일 |

| 아래난 曆數를 힘 |
禮拜四	禮리拜배四쓰
禮拜五	禮리拜배五우
禮拜六	禮리拜배六루
星期一	星싱期치一이
星期二	星싱期치二얼
星期三	星싱期치三산
星期四	星싱期치四쓰
星期五	星싱期치五우
星期六	星싱期치六루

第九 四時

| 春天 | 春츈天텬 |

| 목요일 |
| 금요일 |
| 토요일 ✦ |
| 월요일 |
| 화요일 |
| 슈요일 |
| 목요일 |
| 금요일 |
| 토요일 |

| 봄날 |

第十 月數

冬똥天텬 秋취天텬 夏쌰天텬

이빈듸외얼웨수이수바
一年的十二月數一數罷
일년의 열두달을 혜여 보시요

正정月웨
二얼月웨
三싼月웨
四쓰月웨
五우月웨
六륙月웨

여름날
가을날
겨울날

정월
이월
삼월
사월
오월
뮤월

七치月웨
八싸月웨
九걸月웨
十얼月웨
冬둥至즈月웨
臘라月웨
十얼一이月웨
十얼二얼月웨
一이年번

칠월
팔월
구월
시월
동지달
셧달
십일월
십이월
일년

第十一 日數

你니知지道딷日이字즈歷마
你知道日字歷麽
노형이날즛을아시오

初추一이
초하루

六

初이 이일		초잇흘
初산 이 삼일		초사흘
初쓰 四 이 사일		초나흘
初우 五 이 오일		초닷새
初륙 六 이 륙일		초엿새
初치 七 이 칠일		초닐헤
初빠 八 이 팔일		초여들에
初쥬 九 이 구일		초아흘에
十열 이 십일		초열흘
十열일 이 십일일		십일일
十열이 이 십이일		십이일
十산 이 십삼일		십삼일

十열 八쌔 이 일	십팔일
二열 이 이 십일일	이십일일
二열 十열 五우 이 십오일	이십오일
三산 十열 이 삼십일	삼십일
月웰 底듸 一 아 거 個月	금음
就一個月	곳한달

第十二時數

一이 分뿐	일분
一이 刻커	일각
一이 秒뫄	일초
一이 點덴 鍾중	한점
兩량 點덴 鍾중	두점

이點半鍾 뎬반즁	한점반
一點 이뎬	한시
兩點 량뎬	두시
一點半 이뎬반	한시반
十二點半 열얼뎬반	열두졈반
十二點鍾 열얼뎬즁	열두시

◆ 解說部 ◆

你 늬	너、당신
是 쓰	는、은
誰 쉬	누구、뉘
我 워	나、내
送 쑹	보내다、보냄

報 보	신문
的 듸	의 者
他 타	져、져사람
那兒 나얼	엇이、그곳
這兒 져얼	이곳、여긔
人 신	사람
你們 늬먼	너의들
家 쟈	집
都 떠우	다、모도
好 핳	죠타、죠아
阿 아	아
我們 워먼	우리 우리들

八

漢字(중국어 발음)	뜻
他們(타먼)	져들, 져의들
去(취)	가다
走(져)兒(얼)	가다
一(이)塊(쾌)兒(얼)	함게、다、가치
이樣(양)	한가지。갓치
過(궈)堂(탕)	별론
實(쓰)在(재)	참。사실
成(청)衣(이)舖(푸)	옷짓난집
俗(쑤)們(먼)	우리들
이	흠
져	언눈에이을(ㄹ)과가
엘(兒)	함게、다、가치
一(이)塊(쾌)兒(얼)	이것。이
這(져)個(거)	이것。이
那(나)個(거)	그。그것。져것

漢字(중국어 발음)	뜻
不(부)是(쓰)	아니다。아니요
져뻔兒(얼)	이쪽。이편쪽
這(져)邊(뻔)兒(얼)	그쪽그편쪽
那(나)邊(뻔)兒(얼)	어느쪽。어느편
那(나)ㅣ邊(뻔)兒(얼)	엇애。엇던곳
那(나)兒(얼)	잇다。이셔
爲(위)甚(슴)麽(마)	무슨사닭。웨
在(재)	잇다。이셔
請(칭)	청컨대。못죠록
過(궈)年(녠)	새해。설。지난해
屋(우)裏(리)	방안　방속
來(라이)	오다。오시다
져	을、를 슬
着(져)	

開 캐	點 뎐	給 셰	抽 쳔	替 듸	沒 매	幫 챵	得 더	個 거	麽 마	罷 바	了 랴
(료)											
열다○ 열타	부치다	주다	흡하다○ 마시다	기물 갓다	개○것	잇가○오니갸○러케	업다 연슬	도아주다○돕다	대신 대로		

슙허式시	漲 칭	颱 쇄	下 차	關 뎐	着 잔	跟 슨	別 볘	告 만搭 써燒 살 傘 나訴 숭
맛다○정당하다	넘다○올느다	불다○부	나리다○오다○降也	닷다○閉也	붓엇다 붓다	싸르다 싸러	말것○말으시오○말으오	말하다 함여○합하다 떼다○넛타 가지다○취하다

10

做쥐 天텬兒얼 天々兒얼 頂뎡황 撒싸謊얼 點뎬兒얼 大따夫부 瞻챤 瞻챤이瞻챤 甚合麽마 怎점麽마 (즌마) 賬쟝부 工궁夫부	만드다。하다 날마다。매일。늘 매우。심히。아쥬 거즛。헛 족곰。얼마 醫士 진맥。진찰 맥보다 무엇。엇재。웨 엇더케。엇다한 게산。장부 겨를。여가。틈
擱어會회 不부會회 着챠急급 下하 餓어甝짠 錯취了라 乾깐淨징 餉탕 念년徑징 已이 東둥西시	두다。둠 모르다。잘못한다 급하게。그하지 찻다。족하다 차지못함。부죡하다 울타를임엽다。좃타 맛소올타。맛다 셋긋하다 눕다。눕는다 읽다。외우다 발셔。어느덧 물건。욕할때자식

咋 빠<small>ㄌ</small> 없	
子 고	
매일빠<small>ㄹ</small>	
沒有法子	
要 왙 總재 呢느 也에 表받 太태 花화 的의	

즉。곳	
방법。할수	
할수업소。방법이업	
소	
것。가의	
쓰다。업새다	
매우●심히	
시게	
도。역시	
늬。느냐	
직금。이제。금방	
요구	

第一課　你我他

主：你是誰？　뉘쓰쉬
客：我是送報的　워쓰숭바듸
主：他是那兒的人？　타쓰나얼듸신
客：他是這兒的人　타쓰져얼듸신
主：你們家都好啊？　니먼쟈떠학아
客：我們家都好　워먼쟈떠학
主：他們上那兒去　타먼썅나열취
客：他們王나먼자
主：俗們一樣走（一塊兒走）　자먼이양저우
客：저거쓰워먼듸
主：那個不是你們的　나거부쓰늬먼듸
客：這個是我們的　져거쓰워먼듸
主：那個是他們的　나거쓰타먼듸
客：這個是他們的拿去罷　져거쓰타먼듸나취바

로형은누구요
나난빈달이올시다
져사람은어멧사람이오
져는여기사람이오
우리들집은다못습니다
로형들집은다무고호시오
져이들은어디로감니가
우리들과함께감시다
이것은우리거시오
져것은당신늘것이아니오
이것이져분들것이니가져가시오

你坐這邊兒　늬쭤쳐볜얼
你坐那邊兒　늬쭤나볜얼
我坐那邊兒　워쭤나볜얼
我坐那邊兒　워쭤나볜얼
他坐那兒　타쭤나ㅣ얼
他在那兒　타지나ㅣ얼
他在那兒呢　타지나얼늬
我在這兒　워지져얼
為甚麼在那兒呢　웨션마지나얼늬
請這邊來　칭져볜레

第二課　這個那個

甲　那個帽子呢？　져거부쓰마쓰마
乙　這個不是您的帽子麼　ㅣ거부쓰닌듸맏쓰마
甲　就是這個帽子　쥬쓰져거맏쓰
乙　不是這個是你的　부쓰져거쓰니듸

토형은여기안즈시요
나는그편쪽에안겟소
져분은어느쪽에안즐가요
나, 여긔잇쇼
웨그곳에게심닛가
토형은이쪽으로오시요
이것이당신모즈안임닛가
어느모자오니가
곳이모자올시다
아니요이것은당신것이요

第三課 (這兒那兒)

甲 那個呢?
乙 這個是我的
甲 不是他的麽
乙 不是昨天我街上買的
甲 這兒兩個都拿去罷
乙 那些個拿去做甚麽?
甲 做甚麽都好罷
乙 那麽着我拿去
甲 你多暫回來麽
乙 我呀晚上回來
甲 你別撒謊準來罷

그것은요
이것은나의것이요
져의것이아님니가
아니요어제내가거리에셔샀죠
이두개다가져가시요
그것들을가져다무엇함니가
무엇하든지다죠치요
그러면내가가져가지요
당신언제도라오시람이가
나요젼역에도라오지요
당신거진말말고쏙오시요

子 데야져얼우슴마
父 參呀這兒有甚麽
子 늬나열귀슴마
父 你那兒做甚麽
子 워재져얼읙뗀씸
我在這兒吃點心
子 나거뗀씬나열매듸
那個點心那兒買的呢
子 쳰뼨얼귀쯔뗀매듸
前邊兒菓子店買的
子 쉬게늬쳰
誰給你錢
子 마마게워듸
媽媽給我的
子 마마상게성취러
媽媽上街去了
子 늬젼마부취러마
你怎麽不去了麽
子 워부애나열취
我不愛那兒去

第四課 紙舖

아바야여긔무엇잇슴이가
네가거긔셔무엇하난냐
내가여긔셔과자를먹쇼
그과자를어대셔산난냐
압헤과자졈에셔삿쇼이다
누가너를돈쥬든냐
어무니가내게쥬엇쇼이다
너의어무니가어대갓난냐
어무니가거리로갓쇼
너는엇재아니갓난냐
나는거긔가기를죠와안쇼

客　這一張紙賣多少價錢
　　져이쟝됴희쌋쟈쳬 짠의쌀맛쌀의량맛우매의라

主　大的三毛,小的兩毛五.賣的了
　　흑의메위져쓰 흔반의 三毛,小的 兩毛五,賣的了

客　有厚的,沒有厚的
　　유휘의 이양열라

主　沒有厚的,就這一樣兒了
　　매위의이양열라 這是 很薄的

客　有厚的,要緊薄的?不要
　　유휘의 요진반되부야

主　有厚的幾張,這是沒有乾淨的
　　유휘의지장져쓰 매위깐징의

客　拿來.我看一看
　　나래 워간이간

主　你看々罷,這是去年的很雋了
　　늬칸々바져 쓔녠의 흔쥰라 這是去年的 很雋了

客　哦呀,實在了
　　아야 쓰재라

第五課　貴姓

甲　您貴姓
　　닌쉬싱

乙　賤姓李
　　젼싱리

이쟝회한장에갑시얼맘니가

큰것은삼십젼이고젹은것은이십오젼에파탓
쇼

두터운것읻쇼업쇼

두터운것은업쇼곳이한가지뿐이외다

두터운것이요긴하오열분것은슬쇼

두터운것이몟쟝잇쇼이거슨깨긋지못하오

가져오시오내가봅시다

로형보시오이것은작년거시되야매우날것
쇼

아이구참그럿구려

뉘덕이심니가

내성은李가요

甲	請敎貴名字	청컨대명자를가르처쥬시오
乙	我名字叫三龍	내일홈은三龍이라하오
甲	你是叫甚麼名字	로형의일홈은무어라하오
乙	好說我名字成學	죠흔말이요내일홈이성학이오
甲	先生今年多大歲數兒	先生금년년세얼마시오니가
乙	我虛度三十五歲了	헛된나이삼십오세요
甲	久聞大名了	오래놉흐신일홈을모셧슴니다
乙	彼此一樣	피차일반이외다
甲	貴處是那一國	당신은어느나라에게시오
乙	弊處是中國奉天	페처는中國봉천이요
甲	貴昆仲幾位	몃형데분이시오
乙	我們弟兄三個	우리가三형데올시다

第六課 天氣

甲 尊行排幾
  준항꽤지

乙 我居長
  워쥐장

問 今天天氣怎麽樣
  진뎬뎬치졈마양

答 今兒天氣不錯
  수얼뎬치부춰

問 今兒天氣冷了麽
  진얼뎬치렁러마

答 不是昨兒天氣暖和了
  부쓰쥐얼뎬치난훠러

問 今兒颳風沒有
  진얼솨앵푸메유

答 今兒颳風土大得很
  수얼솨앵투따더훈

問 上天黑了沒有
  샹뎬희러메유

答 黑雲彩開起來
  헤윈처카이치라이

問 這幾天天氣沒一準兒
  져지뎬뎬치메이준얼

멧재분이시오
내가마지올시다

오날일긔가엇더한니가
오날일긔가괜찬슴니다
어제일기가춥지안엿슴니가
아니오어제일기가땃듯ᄒᆞ엿슴니다
오날바람이부지안슴니가
오날바람이부러몬쥬가되단흐오
하날이검지안슴니가
검은구름이피여ᄂᆞ려남니다
요소이일긔가훈글갓지안소

答	아야씨져꽌워
問	啊呀下着暴雨
答	져랴뎬돠졈마양
問	這兩天道怎麽樣
答	뎌얼왕시지쓰부한젹
乙	這兒上實在是不好走
甲	워먼져결얼잔체얼퓌바
	我們在這兒暫且辟雨罷
乙	덩져이회얼퇴칭라바
	等着一會兒天快晴了罷
甲	진얼톈치부따헌하
	今兒天氣不大很好
乙	진얼톈치쩜마양
	今兒天氣怎麽樣
甲	유펑메유
	有風沒有
乙	셰저쌰난펑라
	現在颳南風了
甲	아쌰펑렁더헌
	啊颳風冷得很
乙	닌셴쌍챵후바
	您關上窗戶罷
甲	워파다레꽌부샹먼바
	我怕打雷關不上門罷

아이 폭우가옴니다

요소이갈이엇덧슴니가

길애실상단이기죠치못호오

우리눈여기셔잠간비를피합시다

좀기다리면쟝츠날이끠이겟지오

오날일긔엇더함니가

오날일긔가그티죳치안소

바람이업슴니가

지금남풍이부오

아、바람이부러밉우칩쇼

로형창을다드시오

나난벼락칠가무셔워문못닷겟슴니다

第七課 早找友

客 왕셴셩치틴라매유
　왕先生起來了沒有

下人 타튀라이샹탕져
　他脫了衣裳躺着

客 타부넝치틴마
　他不能起來麽

下人 등이회열타쥑치틴
　等一會兒他就起來

客 니쾌취쉬이쉬졈마양
　你快去說一說怎麽樣

下人 니쾌치틴챤샹이샹바
　你快起來穿上衣裳罷

王 쉬라이
　誰來了

下人 둥먼리진셴셩틴라
　東門裏金先生來了

第八課 買 卵

甲 니매라쥐단ᄆᆞ유
　你買了鷄卵沒有

乙 매라 (買쬐라)
　買了 (買過了)

왕선싱이이러나지안엇슴니가
그가옷벗고누엇슴니다
그가이러나지못할가요
그가곳이러나실터이기다리시요
당신이곳가셔말ᄒᆞ난것이엇덤니가
당신은속히이러나옷입으시요
누가왓쇼?
동문안김선싱이왓슴니다

로형게란사지안앗쇼
삿슴니다

二一

第九課 買帽

甲 買了多少個 몃기나 삿쇼

乙 買了二十個 스믈이기 삿슴니다

甲 你是在那兒買的 너는지 어듸셔 삿슴니가

乙 都是在城外舖子裏買的 모다 성밧가긔에셔 삿슴니다

甲 城外舖子裏還有沒有 성밧가긔에 아직도 잇슴니가

乙 都賣完了罷 다 파랏겟지요

甲 這個帽子在舖子裏買的麼 이 모자를 상뎜에셔 삿슴니가

乙 不是當屋買的 아니요 뎐당국에셔 삿쇼

甲 這個刀子呢 이 칼은 어대셔 삿쇼

乙 那是洋行買的 그것은 양항에셔 삿소

甲 多少銀子買的 얼마에 사셧슴니가

乙 三塊大洋買的 쎤래쇼양으믜매믜
甲 這是很賤了 져쓰흔쳔라
乙 不錯樣子又合時 부춰양쯔유허쓰
　 這個帽子我看做的又涼快 져거맏쯔워칸쥐듸유량쾌
甲 這個帽子我看做的又涼快 져거맏쯔워칸쥐듸유량쾌
乙 我還有一個你要不要 워히유이거니야부야
甲 我要拿來看々 워야나라이칸々
乙 我還有一個你要不要 워앋나리칸々
甲 不看也合時 부칸예허쓰

第十課 故友賣買

乙 大哥在家麽 따써지쟈마
甲 大哥在家麽 따써지쟈마
乙 李大哥回來了 리따써회릴랴
甲 李大哥回來了 리따써회릴랴
乙 你多喒回來了 늬뒤잔회릴랴
甲 回來了好些個日字了 회래랴한셰거시쯔랴

大洋三圓에샀소
이것은매우싸오
과연찬나모양도또시체요
이모즈가너미잇쇼당신쓰겟쇼아니쓰겟소
내게또흔기잇쇼당신쓰겟쇼
내가쓰려흠오니가져오시오봅시다
보지안어도시체요

형님, 딕에, 계십니가
리형도라오셧습니가
노형언제오셧습니가
도라오지수일되엿슴니다

甲 니먼뒤 쟌썬져얼라마
 你們多瞀搬這兒了麽
乙 쓰싼웨썬져얼링듸
 是三月搬這兒來的
甲 따꺼칭쒀
 大哥情坐
乙 세세져지렌매미졉마양
 謝謝這幾天買賣怎麽樣
甲 부따허
 不大好
乙 니쭤쳐라마
 你坐車來了麽
甲 부쓰쭤쳔라
 不是坐船來了
乙 휘룬촨라마
 火輪船了麽
甲 부춰
 不錯
乙 니쌴라이듸휘쓰슴마니
 你販來的貨是甚麽呢
甲 두쓰피훠라
 都是皮貨了
乙 두마이완라메우
 都賣完了沒有

로형언제, 이리로, 반이, 하셧슴니가
네산월에이리로반이하엿슴니다
형님안즈세요
고맙소, 요스이쟝사엇더함니가
그리죠치못함니다
형님차타고오셧슴니가
아니오빅타고왓슴니다
화륜선이오니가
그럿쇼
로형가지고온불건은무잇이오니가
전여피물이오
다파지안엇슴니가

甲　히메띄완라　還沒賣完了
甲　니먼령쌍세지줘마매니　你們令兄現在做甚麼買賣呢
乙　쩌々예지얍히키량의뎐　哥々也在上海開糧食店
甲　씨링셰지줘십마　令弟現在做甚麼呢
乙　셰듸져쌘즈숴쌍친녠슈라　舍弟在本國伺候雙親念書了
甲　니래한귀지녠라　你來韓國幾年呢
乙　치딸량녠라　纔到兩年了
甲　진녠귀추좡자잡마양　今年貴處莊稼怎麼樣
乙　진녠부춰듸　今年不錯的

第十一課　買麵去

主人　왕졔쌍취매앤릭　上街上去買麵來
下人　쎄워쳰바　給我錢能

아직다파지못하엿슴니다
로형의빅씨는지금무슨쟝사를하시오
형님도상히에셔양식졉을하오
동성은지금무엇합니가
舍弟는본국에셔량친을모시고공부하오
로형이한국온지몟힉요
겨우兩年이외다
금년귀지통사형편이엇더호
금년고이치안어요

거리에가셔밀가루사오시요
돈쥬십시요

主　給你錢拏去罷
　　　메니첸나취바

下人　買一口袋麽
　　　매이컥딕마

主　買兩口袋罷
　　　매량컥딕바

下人　拏甚麽票
　　　나슴마퍈

主　拏甚麽票
　　　나슴마퍈

下人　三鷹是現在很貴買不了
　　　싼잉쓰셰지헌쉬매부랸

主　三鷹一口袋二鷹一口袋能
　　　싼잉이컥딕얼잉이컥딕넝

下人　三鷹一口袋能
　　　싼잉이컥딕넝

主　那是都你隨便罷
　　　나쓰두니쉬밴바

第十一課 來朋友

主　你往那兒去來着
　　　니나왕나얼취릭져

客　我往一個朋友家去來着
　　　워왕이거펑유쟈취릭져

客　你納在這兒住着麽
　　　니나지져얼주져마

主　是新近搬了來的
　　　쓰신진빤라딕듸

당신을돈줄터이니가져가오

한부딕만사럿가

두부대만사시오

무슨표를가져올가요

三응흔부대와이응흔부딕가져오시오

삼잉은지금빗사셔사지못함이다

그것은포형자량딕로ᄒᆞ시오

제十一과 來朋友

노형어대갓다오심니가

나는동무집에갓다옵니다

로형은여기사심닛가

네시로이사왓슴니다

主 你納淸上坐着罷
   늬나칭양줘져바
客 多謝多謝這兒坐着一樣
   뒈세뒈세져얼줘져이양
主 家裏人呢拿茶水來
   쟈리신나차쉬뒬링
客 大哥我不喝水嘴裏長了口瘡了
   따꺼워부허쉬줴리창라커창라
主 若是這麼着就快掌燵罷
   쒀쓰져마줘쥬쾌나엔바
客 謝々這是甚麽煙
   세々져쓰슴마엔
主 大哥您請抽煙罷
   따꺼닌칭쳔엔바
客 這是叫合達門票
   져쓰챠오허다먼표
主 那一個公司做的
   나ー거궁쓰줘듸
客 北京煙草兒公司做的
   배징옌잔얼궁쓰줘듸
主 這個煙很好
   져거옌흔핳
客 不錯的
   부춰듸

로형올나와안즈시요
감소호오여기안저도한가지오
집사람아찬물가져오게
형님나는차못먹겟슴니다입에구창이낫슴니다
그러면곳담비가져오게
형님당신은청컨디담비잡수시요
이것은합달문표올시다
어느會社에셔만드난것임니가
북경담비회사에셔만드럿쇼
이담비난미우웃슴니다
피이치안어요

第十二課 找遠方友

（客）워이징신디뿍앗러셔렌저티
我己經認得府上略改天再來

主 你到這兒幾兒了
  늬단져얼지얼라

客 我到這兒好些日字了
  워땃져얼한쎄시쯔라

主 您納來了我總沒聽見說
  닌나라워충메팅젼쉐

客 誰也不知道罷
  쉬예부지땃바

主 若聽見我也早來瞧來了
  줘팅잔워예잔팅찬라러

客 餧餧餧謝謝您的說
  뒈뒈뒈세세닌듸쉐

主 多謝多謝您的說
  뒈세뒈세닌듸쉐

客 你們的地方在那兒
  니먼듸듸빵지나얼

主 在三南所屬的地方兒
  지싼난쉭쑤듸듸빵얼

客 忠淸道麼
  충칭땃마

主 不是·是慶尙道
  부쓰·쓰깅샹땃

내가발셔집을아라스니후일쏘오지오

로형은여기언제오셧쇼

나난여기온지여러날되얏쇼

로형오신것은내듯지못ㅎ엿쇼

누구든지모르리다

만일드럿드면나도일즉와셔뵈얏겟쇼

당신말삼이감사홈니다

로형의시골은어딕시오니가

三남에붓튼지방이올시다

충청도오니가

아니요경상도올시다

二八

主：今年那兒的莊稼如何
客：很好豐盛大收了
主：不是先說謊了麽
客：那都是謊言信不得
主：自然是眞
客：一斗米多少錢
主：白米的價兒怎麽樣
客：白米的價兒十分便宜
主：比每鬥便宜兩塊錢一斗許多年沒有這麽賤

第十四課　找朋友
甲：借光您納啊李先生來了麽
乙：

금년그곳롱헝은엇덧슴니가
미우훗소풍년드러잘거두엇쇼
먼져수히가잇다고말삼아니호셧쇼
그것은모도낭셜이라드들수업소
자연그럿치요
빅미갑손엇더함니가
쌀갑은미우훗슴니다
한말에얼마오니가
이원에혼말이니근년에이러캐싼이러업슴니다

아리선생오셧슴니가
용셔하시요로헝
제광넌나

甲 咱們少見少見好啊您納	오뤽못뵈엿쇼로형엇더시오
乙 托福都好	덕틱에다,평안합니다
甲 請進屋裏來坐々罷	청컨대방으로드러오시오
乙 你們學堂考試都完了沒有	토형들학교에셔시험다보셧슴니가
甲 考試完了好些日子	시험지난지메출되엿슴니다
乙 你怎麽這麽閒着呢	토형은웨이리한가하시오
甲 今天不是禮拜麽	오날은공일이아니오니가
乙 今兒教堂去過了沒有	오날교당에갓다오지앉엇슴니가
甲 去過了	갓다왓쇼이다
乙 你們多咱開學曆	당신들은언제개학함니가
甲 本月初七開學	이달초칠일개학함니다
乙 你今天有工夫沒有	토형오날겨드러업슴니가

第十五課 上學堂

甲 왕쌴예 -니쌍 나-늘 취- 늬
　王少爺你上那兒去呢
乙 워 쌍 쉴탕 취
　我上學堂去
甲 늬먼듸 쉴탕 짜- 나-늘
　你們的學堂在那兒
乙 워먼 쉴탕 짜 뚱따먼리듸
　我們學堂在東大門裏的
甲 늬먼듸 쉴탕 쟈- 마밍얼 늬
　你們的學堂叫甚麼名兒呢
乙 쟈-이 쇼 쫜먼 쉴양
　叫醫學專門學校
甲 메이 텐 션머 슬허우 카이 꿍
　每天甚麼時候開工
乙 쟈-자 쉬 뎬 즁 쭝 카이 쟝
　早起十点鐘總開講
甲 메이 텐 죵 지 뎬 즁 싼 나
　每天從幾点鐘散哪
乙 메이 텐 따오 우 허우 싼 뎬 즁 싼 나
　每天到了午後三点鐘散哪

나도오날은일이엽소이다

왕성원당신어듸가시오
나는학교로가오
당신네학교가어듸잇슴니가
우리학교난동대문안에잇쇼
당신학교일홈이무어심니가
이학젼문학교라합니다
미일어느시에공부를합니다
아츰열점에비로쇼개강호오
미일멧시에산합니가
미일오후세시가되면산하오

甲 니먼듸잔씨우시우
乙 你們的教習有幾位
甲 잔씨우얼식뒤거인
乙 敎習有二十多個人
甲 니먼이거웨듸징뒤샤
乙 你們一個月的戶數多少
甲 메웨우쾌진쑈
乙 每月五塊金票
甲 니쌀지녠세에늬
乙 你學幾年的工夫
甲 차부뚜여싼녠
乙 差不多有三年
甲 싱듸쓰거녠세에듸쌰엥쎼라바
乙 定的四個年畢業的
甲 부쥬더공부얼쟈엥쎼라바
乙 不久的工夫兒就放學了罷
甲 스부쥬라
乙 是不久了

第十六課 車站

兄 小順你知道車站歷
　　坐순늬지단저잔마

당신들의교사가몟분이오니가
교사는이십여명이올시다
당신들훈달월사가얼마오니가
미월오원이외다
삼년밧게안됨니다
맷해나뵈여왓쇼
작정은四기년졸업이올시다
오라지안어셔곳방학이겟지요
네오타지안쇼이다

소슌아네가졍거쟝을아난냐

弟 我不知道這是甚麼地方
兄 火輪車站着的地方就叫車站
弟 火輪車是甚麼東西
兄 你還不知道火輪車麼
弟 啊南大門外汽車就是火輪車麼
兄 是對那個
弟 車站的地方兒有賣票的麼
兄 有怎麼沒有呢
弟 大哥我們坐車龍山去罷
兄 小順給你錢買票罷
弟 大哥買幾等車票呢
兄 你隨便兒買的罷

나는 모르오 무열 하난 곳인지요
긔차 멈추난 곳을 졍거장이라 하오
긔차는 무슨 물건이오
네가 아즉도 화차를 모르난냐
아 남대문 외 긔차 가 곳 화차 오난가
응 올타 그것이다
졍거 하난 곳에 표 파난 곳이 잇슴니가
잇쇼 웨 업겟쇼
형님 우리 가 긔차를 타고 룡산 갑시다
소순아 돈 줄 터이니 표 사라
형님 멧 등 車표 살가요
네 성각디로 사라

賣票　션앙지뎡처션요몃등차 토형이몃등을타랴합니가

小順　샹뎡의자첸흔뛰쉬이앗쥐싸뎡쳐 샤등은갑시빗사셔하등을타랴함니다
上等的價錢很貴所以要坐下等車

賣票　下等是人很多不是混雜麽 하등은사람이만호니혼잡지안슴니가
싸뎡쓴인호뒤꾹쓰훈쟈마

小順　那麼給中等的票罷 그러면즁등표를꺼시오
나마께즁덕되프바

賣票　你上那站到呢 로형어느졍거쟝으로가오
늬쌍나잔단늬

小順　開龍山票罷 룡산표떼시오
키릉산표바

賣票　拿五個銅錢兒 오젼내시오
나우거퉁즈얼

小順　中等票五個錢兒麽 즁등표가오젼임니가
즁등퐈우거첸얼마

賣票　不不忘了一毛錢 아니아니이젓쇼십젼임니다
부부왕랴이맛쳔

小順　給你一毛錢 십젼밧으시요
게늬이맛쳔

兄　車來了你買車票了麽 차왓다네차포들삿나냐
처래라늬미처퍂랴마

弟　買了兩張了 두쟝이나삿슴니다
매랴량쟝랴

第十七課 到客棧

兄　쉐지앗링라부ㅆ얏키처마
　　現在搖鈴了不是要開車麼

弟　커부ㅆ마워ㅎ먼쌍ㅅ처바
　　可不是麼我們快上車罷

兄　타먼셔ㅆ숑싱듸
　　他們都是送行的

兄　워먼얘도룽싼후우잉제듸바
　　我們也到龍山或有迎接的罷

引客　따거니싱리뒤부뒤
　　　大哥你行李多不多

大順　부뒤좌유이거피샹
　　　不多就有那一個皮箱

引客　나마ㅈ쿠리ㅅ쥐취바
　　　那麼叫苦力送去罷

不順　부야워먼듸슝즈지댜취
　　　不要我們弟兄自己帶去

兄　따거뎌홍맛ㅈ쌔래왕의ㅆ싼슴마듸
　　大哥戴紅帽子來來往往的是幹甚麼的

弟　타언ㄸ커ㅓ인쓩싱리듸
　　他們都給客人運行李的

金　져ㅆ싼셩싼나
　　這是三盛棧麼

지금 요령소티낫쇼 차가 곳 쩌나겟지요

웨 그럿치 안캣쇼 우리 난 곳 車를 탑시다

져들은 다ㅣ 젼숑ㅎ난이들이오

우리도 룡산가면 혹 영졉ㅎ난이가 이스리라

형님 힝구가 만슴니가 적슴니가

만치 안쇼 곳 져 피샹자 혼나이오

그러면 하인 불너 보내리가

슬쇼 우리 형제가 가지고 가지요

형님 홍모자 쓴이가 왓다 갓다 ㅎ나이 이것은 무엇ㅎ난 사람이오

그네들은 다ㅣ 손님의 힝리를 운반ㅎ난 者요

이것이 三셩산이오니가

下人	下人	金	下人	金	下人	金	下人	金	下人	金

王老爺您的行李來了　等着一會兒罷　這是王先生的行李　謝謝我要見王先生　請您進屋裏來　是對了　啊你不是王先生的朋友麼　我也奉天來了　來了你是那兒來的　這幾天奉天王先生來了沒有　是你找誰啊

네 당신이 누구를 차즈시요
요소이 봉천왕선생이 오시지 안엇슴니가
왓슴니다 당신은 어딕셔 왓슴니가
나도 봉천셔 왓쇼
아로형이 왕션싱의 붕우가 아닙니가
네 올슴니다
쳥컨디로형은 방으로 드러오시오
고맙쇼너가 왕션성을 보고자 하오
이것은 무엇이오니가
이것은 王션싱의 행구요
잠시기다리시요
왕영감당신행구가 왓슴니다

王	啊有一位他姓金的來了沒有
下人	姓金的來了
王	啊怎麽不進來呢
下人	他在外套等你哪
王	他在外套做甚麽哪
下人	他在車上坐着了
王	他在那兒呢
下人	他在門口兒
主人	他叫他進來罷
金	啊金先生來了身苦身苦
王	我呀昨天到這兒了

아믠웃쇼누가오지안왓쇼
한분이왓슴니다그는金氏외다
아김씨가왓쇼
그가웨드러오지안쇼
그가밧게셔셔무엇호오
그가밧게셔당신을기다림니다
그는차우에안젓소
그가어듸잇쇼
그가문밧게잇쇼
아김션싱오셧슴니가수고흐엿슴니가
왓슴니다로형은언제이듸오셧슴니
가
나요, 어제여긔왓슴니다

金 您的行李我拿來了

王 多謝多謝那箱子麼數過了沒有

金 數了大小通共六件

王 那裏有那麼些·拍不是都是我的

金 那麼有那麼些·拍不是都是我的

王 王老爺的箱子幾隻記得不記得

金 有三隻皮箱一隻木箱還有舖盖還小零碎包兒一件共總六樣兒

王 好了那車錢呢還得給多少

金 淸德出來看看那個是你的

王 拉那一次拉一次拉

金 那大車都是三塊錢

王 等一會兒我同那些金先生筭淸了給他車夫吧

金 당신의힝구를내가가져왓쇼

王 고맙슴니다라로형이그샹자를혜여보셧슴니가

金 혜엿는딕대쇼병ᄒ여여셧이오

王 거긔그러케만ᄒ가모다내것이아니겟지

金 왕션싱의샹자가몟개신지짐작ᄒ시겟슴니가

王 피샹자셰기목샹자ᄒ나기잇고도이부자리잇고

金 쇼자동산이보통이두기기잇셔모다여셧이오

王 쳥컨대로형나와보시요어느것이로형것인지요

金 죳쇼그수레갑은얼마나쥬엇쇼

王 저근수레에모다삼원이오

金 기다리시오내가김션싱것시지쳥산ᄒ야저차부를쥬겟쇼

第十八課 客棧裏

客　掌櫃呀這幾天很冷了
　　쟝귀야저지뎐혼령라
主　你屋裏地下舖氈子不好
　　니우리다싸푸멘앏푸듸
　　멘쓰쓰얍푸듸
客　氈子是要舖的
　　쳔쯔스냐오푸듸
主　那窓戶透風得利害
　　나쟉후텅푕득리해
客　後頭那窓戶透風得利害
　　허퉈나챵후틔풍득리해
主　是沒有攩住的好法子
　　스메우땅주듸핫쌔쯔
客　後頭抅住的好法子
　　허퉈거우주듸핫쌔쯔
主　你擎紙糊上罷
　　니나쟉후쌍바쳠마
客　等一會兒晚上糊罷
　　덩이회알완쌍후바
主　你擎紙糊上罷怎麼沒有汋子呢
　　니나쟉후쌍바쳠마메우사쯔니
客　前頭不用糊
　　쳔터부용후

第十九課 房子

甲　你在那兒住
　　니지나얼쥬
乙　我在仁川住
　　워지인쳔쥬

쥬인넘요 소이 난 민우 칩슴니다
여보 방바닥에 담요 폐면 안 좃쇼
담요난 폐지요
뒤창으로 바람이 민우 드러옴니다
그것은 막을 방법이 업슴니다
당신이 죠희를 가져다 바트시요 웨 할 수 업다고 호시오
기다리시요 젼역에 바람시다
압흔 바를 것 업소
로형이어 듸 게시오
나난 인천 사오

第二十課 電報局

甲 니지갸리쥑슴마
你在家裏做其麼

乙 워지쟈리녠슈
我在家裏念書

甲 니쓔듸빵쯔따우쓔
你住的房子大小

乙 워쮸듸쓰우쪈우쯔
我住的是五間房子

甲 유뒤샨인지나얼
有多少人在那兒

乙 유쓰지거인
有十幾個人

第二十課 電報局

甲 제썅제썅
借光借光

乙 뎨따왕나얼취마
您要徃那兒去麼

甲 워야오따뎬밧취
我要打電報去

乙 뎬밧쥐지나얼
電報局在那兒哪

甲 칭닌이쾌얼취바
請您一塊兒去罷

우리집에서무엇을ᄒ시오

나난집에셔글을읽쇼

노형사르시난집이크오적쇼

나사는것은다셧간집이오

거긔몃사람잇슴니가

십여명잇쇼

용셔하시요

노형은어듸로가시렴니가

나난뎐보노으려가요

뎐보국이어듸로오너가

쳥컨되로형함세갑시다

甲　很好很好
乙　這是電報局麼
局人　你們倆位有甚麼貴幹
來人　我們倆是打電報來了
局人　打到那兒去的呢
來人　那一位是日本東京去的
局人　我還沒有寫的
來人　給你電報紙快寫上罷
局人　我自個兒寫不上來電報
來人　為甚麼不寫呢
局人　我不會寫字

혼한혼한
져쓰뎐보국이마
늬머랴위우슴마위쌋
워면랴쓰쌰뎐받딩라
우먼량쓰따뎐받당라
따나얼취늬
나이워쓰
쓰시쎈등짓취늬
워히메우세늬
워쯔거널세뢍바
게늬뎐받꾀쾌세뢍바
워쓰마부세늬
훼슈마부회세늬

미우홋슴니다
이것이뎐보국입니가
로형두분은무슨소간사가게시오
우리두사람은뎐보노으려왓소
어대도노으시겟슴니가
네일본동경으로가는것이올시다
져한분은어대도노으심니가
나는아직쓰지안엇슴니다
뎐보지를드리니속히쓰시요
내할자뎐보쓸수업슴니다
웨못쓰심니가
나는글자를못씀니다

局人 拏紙來罷
나즈래바 뒤세뒤세

來人 多謝多謝
되세뒤세앞뒤쌴쳰늬 (…)

局人 電報費是要多少錢呢
뎬밮애쓰앞뒤쌴쳰늬

來人 那總得按着字數兒算的
나즁데안져쯔쑤얼쌴늬

局人 興有電報紙沒有
히우뎬밮즤메우

來人 這兒有電報紙
져얼위뎐밮즤

局人 您請看一看這麼寫可以使得麼
닌쳥칸이칸져마세커이쓰더마

來人 好電報費是十五個字算罷
하뎬밮쌰쓰쎠우거쯔쌴밮쳰
東京去的通共多少錢呢
둥쟁취듸퉁꿍뚸쌰오쳰
通共十六個字算得三毛錢
퉁꿍쎠우거쯔쌴잗싼잘쳰

局人 上海去的電報呢
쌍해취듸뎬밮늬

來人 等着罷一回兒算
덩져바이회얼쌴

고맙슴니다
뎐보비가얼마나듭니가
그것은글자수를싸라게산하오
뎐보지더업슴니가
져긔뎐보지잇슴니다
청컨대당신이보세요이려캐쓰면가이되겟슴니가
죠슴니다뎐보비는十五자에三십젼이오
동경갓것은모다얼만지게산하시오
모다십륙자를게산하니삼십젼이오
상해로가는뎐보난얼만니가
기다리시요잇다게산합시다

來人　회밧뒤쟌단듸마
　　　回報多偺到的麼
局人　나쓰부이뎡듸
　　　那是不一定的
來人　웨슴마부이뎡늬
　　　爲甚麼不一定呢
局人　나쓰슈바ㄱ신듸치완나
　　　那是收報的人的遲晩那
來人　앞쓰메워회밧듸싀헐얼졈마양
　　　若是沒有回報的時候兒怎麼樣
局人　재싸다이회얼罷
　　　再打一回兒罷
來人　샌셩세ㄱ워회자취
　　　先生謝ㄱ我回家去
局人　부융세ㄱ
　　　不用謝ㄱ

第二十一課　溜達去

朴　닌왕진열샨매유
　　您上今兒學堂沒有
金　워뎌지뎬빵샨라
　　我們這幾天放學了
金　쉬이메왕샨탕취
　　所以沒土學堂去

회보가언졔옴니가
그것은쟉졍이업소
웨쟉졍할수업슴니다
그것은收報人의지속에달엿쇼
만약회보가업는때에는엇지함니가
또한번노으시요
션생감사함니다나는집에도라가오
안하실말삼이오

로형은오날학교에안가시오
우리난요사이방학하엿쇼
구리하야학교에아니갓슴니가

朴 쓰워진열징져마싼져야
金 是我今兒竟這麽開着呀
朴 워먼예뺑쌋라
金 我們也放學了
朴 워찬라워예진뎐메약쓰칭
金 我巧了我也今天沒有事情
朴 아마자면부다녕취바
金 那麽俗們溜達逛去罷
朴 나산쌍웬취검마양
金 好的您打算要上那兒去呢
朴 한의양쌍웬취검마양
金 我要漢陽公園去怎麽樣
朴 워양한양쌍웬취검마바
金 上南山公園去怎麽樣
朴 쌍난산쌍웬취검마양
金 我瞧這麽청쉬슈의다량쾌
朴 너참져마산칭쉬슈의다량쾌
金 那麽俗們就走罷
朴 쓰재나흥々뒤々의회참수무우뒤마한간
金 實在那紅々綠々的花草樹木有多麽好看
朴 아흘한젼잔산송진깨훤완뒤쌔쿵나
金 啊很好眞叫人何襟開豁萬盧俱空了

네내기오날마참한가하오
우리도방학하엿소
아공교하오나도오날이러업쇼
그러면우리산보하러갓시다
남산공원으로가시랴하오
나난한양공원으로가고져히니로형엇덧쇼
그러면우리곳갑시다
로형보시오이러캐산명수려하니얼마나시연 하오
참져러캐홍々녹々의화초가만하셔보기좃쇼 이다
아참좃쇼시람으로하여곰흥금이열녀고만려 가다발것갓소

金 쎄쎈영나쓰잔슴마　朴先生那是叫甚麽
朴 져쓰시쎈믹엌렌믹쌍바　這是日本明治天皇的廟
金 줴교먼화첸부쌍바　做廟門花錢不少罷
朴 나쓰떠츙뚜약당듸　那是都總督府當的
金 나거쟛좌쓰한쟝　那是甚麽
朴 나쟝쭈쓰한쟝　那江就是漢江
金 아한쟝쓰쟌셴듸띠이다쟝마　啊漢江是朝鮮的第一大江麽
朴 뚜이라예위랑거테챨　對了也兩個鐵橋是
　쓰뒤개루용듸이거닉　一個是鐵路用的
　나거쓰테루용듸이거닉　一個呢
　짜이거쓰신단찬융듸　那一個是人道橋用的
朴 닌취궈ᄉᆞ매유　您去過了沒有
金 잔나워취궈랑싼탕라　早哪我去過兩三盪了

朴先生 져것은무엇이라고함니가
이것은일본명치텬황사당이오
사당문만드난대돈이만히드러스리다
그것은다총독부담당이오
져것은무슨강이라함니가
져강은곳한강이오
아한강은죠션에데일대강임니가
네올쇼이다쏘철교도두흘잇지요
한나은철로에쓰고하나은무엇함니가
곳그한나은인도교로씀니다
로형은갓다오지못하엿슴니가
나난벌서두세번갓다왓슴니다

第二十二課 送別

甲 워팅쉬는진열잔최최션앋쌰쌍취쉬이워
　我聽說您今兒早起起身要下鄉去所以我
　게는송싱래라
　就給您送行來了

乙 쥬쎄는숭싱래라
　勞駕您實시는多禮了

甲 롄래셰취즁뎨얀뒤쌋시쯔니
　連來帶去總得要多少日字呢

乙 져해부이씽얀에부싸래훼듸솅징바
　這還不一定少也不下兩多月的光景罷

甲 간칭쓰나마쎄시쯔아
　敢請是那麼些日字啊

乙 나쓰싼듸
　那是自然的

甲 얀젹듸즁유뒤쌋리루야
　前邊的總有多少里路呀

乙 둉꿍쌴치래유오매뒤리듸솅징바
　通共算起來有五百多里的光景罷

甲 닌쎤젹마해유거쌘얼늬
　您單走麼還有個伴兒呢

乙 해유따솅젹듸이워펑워라
　還有打幫走的一位朋友了

내가드르즉로형이일즉시골로가신다하기로
곳로형을젼송하려고왓소

수고하섯소노형은참예절을잘차리오

가섯다오시기까지멧츌이나되시겟쇼

이것은아직정치못하엿슴니다적어도두어달
걸니겟슴니다

그러케여러날이된다하겟슴닛가

그것은자연이지요

가시난길이모다멧니나됨닛가

합산하면오백여리나되겟슴니다

닌단자가시오혹동행이게시오

또동행하여갈친구한분이잇슴니다

甲 나 성화바
乙 那更好罷
   워져쥬얹치션라
甲 我這就要起身了
乙 因為行期很忙不能到府上和令兄辭行去
   인위싱치흔망부능딴부왕해렁샹즈싱취별힝취
甲 了
   랴
乙 別送別送
   배중배중
客 多謝名謝不送不送
   多謝名謝不送不送
主 求您回去替我說々罷
   쥬닌회취희워쉬々바
客 我們開票來了
   워먼캐퍄왔랴
主 來了多少人
   래랴뒤샾신
客 來了好些個人
   래랴핟쎄거신
主 這兒有紙寫名字罷
   저얼위즤쎄명즈바

第二十三課 座船

그러면매우죠켓슴니다
나난여기셔곳쎄나려려함니다
행기가밥버셔서댁에가백씨게작별을엿줍지못
하고감니다
로형이도라가시면대신하여말이나전하시요
감사함니다 안영이가서요
명안이게시오
우리들이표사려왓슴니다
몟사람이나왓슴니가
여러사람이왓슴니다
여기죠희잇스니이름쓰시요

客	我們不會寫字兒
主	那麼着您那兒住
客	我住任王京
主	多大歲數兒
客	三十七歲了
主	您上那兒去
客	我上清津去
主	您要幾等船
客	上等是價錢很貴所以要座下等船
主	下等是人很多不是混雜麼
客	那麼中等的票罷沒子
主	拏十二塊五毛錢罷

우리난 글슬 쓸 모 름 니 다
그러면 당신 어대 사 시 오
나는 셔울 사 오
나이 얼마 오 니 가
서른일곱 살이 오
토 형어 대 가 오
나는 청 진 가 오
멧 등을 타 시 겟 쇼
상등은 갑 시 빗 사 하 등 타 려 함 니 다
하등은 사람이 만하 혼 잡 지 안 을 가 오
그러면 중등 표 를 떼 시 오 할 수 업 소
십이원 오십전 가져 오 시 오

客 給你十三塊沒有小錢兒
主 給你船票
客 這是叫其麼船
主 這是高麗丸
客 多偺開船麼
主 晚上十點鍾開船
客 船上吃飯是甚麼人管
主 也是都在其內不要飯錢
客 阿船紙管麼
主 你們快上船罷
客 謝々我們就上船罷

第二十四課 商路

十三圓밧으세요잔돈업슴니다
배표밧으세요
이배를무슨배라함니가
이것은고려환이요
언제배써남니가
밤열점에배써남니다
배에셔먹난밥은누가관리하오
역시그속에드럿슴니다밥갑은아니밧쇼
아배에셔관리함니가
노형들속히배타시요
고맙쇼우리들이곳배타겟쇼

甲	恁貴姓	뉘셔성
乙	我姓王	내셩은왕가요
甲	是甚麼甲子	무슨생이오
乙	今年三十七歲了	금년셔른일곱이오
甲	貴歳幾何	노형이어대사르시오
乙	我住在王京	나난셔울사오
甲	你住在那兒	댁이문안에사심니가
乙	是在城裡住	네셩내에삼니다
甲	府上在城裡什麽	상졉자호가무엄니가
乙	小號ㅅ昌	상호난대창이라함니다
甲	請問寶號	요사이셔울장사가죳슴니가
乙	這幾天王京買賣好不好	매미가업슴니다
甲	沒有買賣	

五〇

甲 현재 왕나얼취
現在上那兒去

乙 현재 왕쥬궈 펭텐취
現在上中國奉天去

甲 유 숩마 쉬깐
有甚麽貴幹

乙 야오 쭤 마이 마이
要做買賣去

甲 니 다이 숩마 둥시
你帶甚麼東西

乙 워 다이 슨 선
我帶松都人蔘

甲 닌 마이 쎤 매 콰이 쳰
您賣紅蔘沒有

乙 이 진 얼 싀 빠 콰이 쳰
一斤二十八塊錢

甲 이 진 둬 쌰오 쳰 니
一斤多少錢呢

乙 이 진 뒈 쌰오 쳰 니
이진얼싀빠쾌쳰

甲 니 다이 숩마 둥시
你帶甚麼東西

乙 워 부 다이 나 쓰 충 뚜 약 쌘 매 듸라
我不帶那是總督府官賣的了

甲 니 이 거 신 취 마
你一個人去麼

乙 부 쓰 해 유 이 거 훠 지
不是還有一個夥計

지금어대가심니가

지금중국봉텬감니다

무삼소간사가게시오

장사하랴감니다

로형무슨건가젓슴니가

나는송도인삼을가젓쇼

한근에얼마하심니가

한근에이십팔원이오

로형이홍삼가지쇼그것은총독부판매을시다

나난아니가젓쇼

로형함자가시오

아니오동무한나또잇쇼

第二十五課　先生及學生

甲　늬뒤완회래마
你多偺固來麽
래훼추앉외리

乙　來月初要回來
래월초야회리

甲　回來的時候兒請恁給我買三疋綢緞歷
회래듸시훨열칭늰께워메쌴피척만마

乙　好那是容易的
핟나쓰융이듸

못형언제도라오시겟슴니가
來月初에나도라오려하오
도라오실쎄에내게비단세필만사다쥬실남니
츗슴니다그것은용이하오

第二十五課　先生及學生

先生　少爺李先生來了
　　　쌰예리쎈셩래료

下人　少爺在家歷
　　　쌰예쟤쟈마

先生　王少爺在家歷
　　　왕쌰예재쟈마

王　誰來了
　　쉬래료

王　請先生進屋裏來
　　칭쎈셩진우리래

王　啊李先生來了歷
　　아리쎈셩래료마

王　大順你拏茶來
　　따순니나차래

王　不要茶水兒纔喝了
　　부야차쉬열채히료

王　請先生抽煙罷
　　칭쎈셩쳐옌바

서방님리선생오셧슴니다
왕서방게시오
누가오셧소아리선생오셧슴니가
청컨대선생방으로드려오시오
대순아네차몰가져오나라
찻물그만두시요곳먹엇소
선생님담배피우시요

先生 진렏낸수라메외 今天念書了沒有
王 낸세지탕라 念過幾遭了
先生 부지딴마 都知道麽
王 희우숨마난추늬 還有甚麽難處呢
先生 쮜텐칸나화탇으위지추부둥뎌 昨天看那話條子有幾處不懂得
王 워칸늬쉬이쉬이바 我看你說一說罷
先生 져이거즈워쟌부져 這一個字我栈不着
王 져이거즈쑤즈즈뎬썅메위듸 這個字俗字字典上沒有的
先生 부쓰져거즈마 不是這個字麽
王 나쓰란즈 那是亂字
先生 히쓰려거뿍쉬 還是那個部首
王 쟌쓰낸거뿍쉬 怎是那個部首
先生 뽀슈쏜쓰乙您納柀的是那個部首

오날글이르지안엇슴니가
몟번일넷슴니다
다아심니가
어제본어학에멧곳모를것잇슴니다
내가볼터이니당신일너보시요
이글자한나는내가차즐수업소
이글자난속잔ㅅ닭에자전에는업소
이글자안임니가
그것은난짜요
히ㅅ나거빡ㅅ
본시난을부지만은당신은무슨부를차져보앗쇼

王　我栰的是瓜部
　　那是錯了
先生

第二十六課　看書

乙　那一本書你看完了沒有
甲　十分裏我看過八分
乙　明白不明白
甲　有幾分不明白
乙　也有幾個字不認得
甲　不認得的一半兒
乙　你念過多少日字的書
甲　我念過十個月的書
乙　那書上的字都記得麽

워잔의쓰잔쟉
나쓰취라

나는 죠부를차 젓슴니다
그러니가 틀엿쇼

그 한 칙은 로형이 다 보새쇼
十分에 내가 팔분은 보앗소
명빅ᄒᆞ오 명빅지 못ᄒᆞ오
얼마간 명빅지 못ᄒᆞ오
쏘 몟자나 모르난 글자 잇쇼
모를 것이 졀반이나 되오
노형은 몟날이나 글을 닑엇쇼
나는 十여 달 글을 읽엇쇼
그 칙 우에 글자를 다 알겟소

五四

乙　都記得
甲　忘了沒有
乙　忘了好些
甲　記錯了的沒有
乙　也有記錯了的
甲　你念過的書千萬不可忘了
乙　不錯你說得很是

第二十七課　找字

甲　金先生你拿字典來
乙　你要我甚麼字
甲　我要找聾字
乙　你不記得這個字麽

다 암니다
이즌것은업소
만히이졋소
잘못안것은업소
쏘잘못안것도잇쇼
로형이읽은글은이져셔안되오
그럿쇼노형말삼이미우올쇼
金션성당신자전가지고오시요
로형이무슨글자를차즈시려흐오
내가聾字를차즈러하오
로형이글자를기역못흐오

甲 我不記得那個字了
  워부지더나거으라
乙 還有不記得的字麼
  또부지더듸즛잇슴니가
甲 那兒沒有呢
  나얼메야으
乙 記得的小不記得的多
  지더듸쌰부지더듸뒤
甲 這個字你認得不認得
  저거으니신나부신더
乙 我不認得那個字
  워부신더나거으

第二十課 八 早起

父 大順來
  대순아오너라
大順 喳到了
  네왓슴니다
父 杜小順來
  잔쌰순틴
大順 他上街上買東西去了
  타쌍제썅매둥시취라
父 小順兒多俗回來
  쌰순얼뒤잔회딍

따순틴
대순아오너라
잔쌰순틴
소순이를차져오너라
그오가거리모물건사라갓슴니다
소순이언제도라오난냐

大順 找他做甚麼呢 쟌타줴슴마늬
父 弄火開水罷 룽휘키쉬바
大順 已經開水了 이징키쉬라
父 大順兒你拏水來 따순얼늬나쉬리
大順 您要的是甚麼水 닌야듸쓰슴마쉬
父 要涼水 얀량쉬
大順 拏了涼水了 나랴량쉬라
父 臉盆裡有溫水 렌뻔리우운쉬
大順 那臉盆裡有甚麼水 나렌뻔리우슴마쉬
父 那澡盆裡到水罷我要洗澡 나쟌뻔리단쉬바워얀시쟌
大順 那澡盆是漏水不能到水 나쟌뻔쓰러쉬부넝단쉬
父 澡盆破了麼 쟌뻔퍼라마

그이를불너셔무엇아시랴ᄇ니가
불피우고물쓸여라
발셔물이쓸엇슴니다
다순아네가물가져오나라
당신은무슨물을쓰시랴ᄇ니가(아바님의셔)
닝수를쓰겟다
냉수가져왓슴니다
저세수다야에온수가잇슴니다
세수다야에무슨물이잇슴니가
저목욕다야에물부어라내가목욕하고저흔다
목욕다야가시여셔물을못붓슴니다
목욕다야가마셔졋는냐

大順	破了	마사젓슴니다
父	快叫人收拾罷	속히사람불너고처라
大順	잘신쳐라	
父	叫人去了	사람부드려갓슴니다
大順	워나이샹늬쳣싸라매우	
父	我那衣裳你抽打了沒有	내옷은네가다시내엿나냐
大順	나이쯔저지나리	
父	衣裳早巳抽打了	비눌은어대다가두엇나냐
大順	나이쯔저희반얼앙	
父	那胰子擱在那裏	이룍은발셔쇠내엿슴니다
大順	那胰子在屉板兒上	비눌은셔랍우에잇슴니다
父	手巾呢	수건은엇젓니
大順	쉬진늬쳑진져쟈쯔쇄져라	
父	手巾在架子掛着了	수건은결상에걸엇슴니다
大順	매이반야앤팅	
父	買一包牙粉來	치분하나사오나라
大順	팅쉐져개리메우야앤	
父	聽說這街裏沒有牙粉	드르니거리에치분이업서요
大順	나마늬나쌘앤바	
父	那麽你拏鹹鹽罷	그러면네가소곰가져오나라

第二十九課　成表舖

客　實在這個不合式
쓰지져거부허쓰

主　看看袖子太窄
칸칸쳔쯔틱쌔

客　你要修改那兒呢
늬앞싁셔나얼늬

主　掌櫃我要這褂子修改
쟝궤워얃져꽈쯔싀셔

客　幾지쐭청做成
지쐭청 做成

主　大概兩三天兒罷
따개량싼텐얼바

客　你還沒縫呢
늬히메엥늬

主　我還沒縫了
워해메엥라

客　明天再來
밍텐재릭

主　明天準來一趟罷
밍텐쥰릭이탕바

第三十課　衙門

슈인내가마과자를고치고져호오

로형이어대를고치고자호시오

로형보시오소믹가믹우좁소

참이것은식이맛지못호오

언제나다되겟느냐

대개이삼일되겟쇼

모형아직바느질아니호엿쇼

내가아직바느질못호엿슴니다

내일다시오겟쇼

내일쏙한번만오세요

甲 왕쳰셩니양나얼취
王先生你上那兒去
乙 워샹야먼취
我上衙門去
甲 유션마쓰칭
有甚麼事情
乙 워이거올쯔
我一個兒子
甲 타쓰션마신
他是甚麼人
乙 타쓰션판팅의청애리
他是審判廳的承發吏
甲 나거뉘신니
那個女人呢
乙 타쓰파팅까오듸웬까올
他是法庭告的原告兒
甲 져위션마쓰칭
這為甚麼事情
乙 쉬지따오워예부지따오
誰知道我也不知道
甲 타쓰왕나얼취라
他是往那兒去了

第三十一課 審判廳

왕선싱로형은어듸로가시오
내가관청으로감니다
무슨일이잇슴니가
저이난무슨사람이오니가
그난저판쇼승발리올시다
져녀즈는누구요
그가법정에고발한원고요
이것이엇지된일임니가
누가알겟쇼나도모릅니다
그이가어대로갓슴니가

乙　他上衙門去了　타왕야먼취라
甲　爲其麼去了　위슴마취라마
乙　他上衙門過堂去了　타샹야먼궈탕취라
甲　啊他現在回來了沒有　아타셴제회릭러마
乙　他很快了　타흔콰이러
甲　他是坐車來了　타쓰줘처라
乙　你上那個衙門去過了麼　늬썅나거야먼취궈러마
甲　我上審判廳去過來的　워썅션판팅취궈릭의
乙　過堂了沒有　궈탕라메우
甲　還沒過了　희메궈라

第三十二課　問病

金　白大哥在家沒有　빅셔거지쟈메우

그가 관쳥으로 갓슴니다
무슨 짜닭으로 갓슴니가
그이가 관쳥으로 별론을 갓슴니가
아그이가 지금 도라왓슴니가
그가 미우 쌔릅니다
그는 차를 타고 왓슴니다
토형은 어느 관쳥에 갓다 왓슴니다
나 난지판소에 갓다 왓슴니가
별론 ᄒ셧슴니가
아직도 별론치 못ᄒ엿쇼

빅형 집에게심니가

白 誰來了
쉬뤼릏탕래져뤼랴

金 三龍來了
싼룽래뤼랴

白 阿你來了
아늬래왕쑈

金 為甚麼大哥躺着呢
위숨마따거탕져늬

白 這幾天我病了
져지텬워삥럃예라마

金 你不是傷了風了麼
늬부쓰썅러꿍럃예마

白 我也不知道
워예부지댜오

金 請大夫來瞧一瞧
칭따부래챠오이챠오

白 你該當吃藥
늬꺼땅치야오

金 你說不錯
늬쉬부춰

白 得病多少日字歷
더삥둬쌰오시즈라

金 得病好些日字了
더삥핫세시즈랴

누가오셧슴닉가

三龍이왓슴니다

아로형이왓쇼

웨형님누으셧슴닉가

요스이내가병이낫쇼

형님감긔에상ᄒᆞ지안엇슴닉가

나도모르겟쇼

의사를청하여다가간맥ᄒᆞ시요

ᄯᅡ님약을잡수세야함니다

로형말삼이꾀이치안이요

병든지몟츨이됨닉가

병든지몟츨되엿슴니다

第二十三課　醫問病答

金　吃飯怎麽樣
　　츠판 즘머양

白　一點兒不能吃
　　이뎬얼 부눙츠

金　快吃補藥能
　　쾌츠 부얀바

白　這幾天吃點兒補藥
　　져지뎬얼 츠뎬얼부얀

病　위슴마부녕치리
醫　爲甚麽不能起來

病　워요양위빙지부치래
醫　我腰上有病直不起來

病　히유슴마빙
醫　還有甚麽病

病　셔터우위빙렌췌춘즈두퍼러
醫　舌頭有病連嘴脣子都破了

病　두즈이쌰텅더리해
醫　肚子以下疼得利害

病　뚜즈이쌍텅뿌텅
醫　肚子以上疼不疼

醫　嘴剌兩邊兒
　　的是不疼麽

자시난것은 엇더호오니가
일절먹지못합니다
속히 보약을 잡수시오
요소이 보약을 먹심니다
웨이러나지 못하나
나난 허리에 병이잇셔 곳이러나지못호오
쏘무슨병이잇슴니가
셔에병이잇셔 입슐신지해여젓쇼
빗아린 난압호지안쇼
북아린비우이가 미우압흠니다
입양편고기난 압호지안쇼

病 那是不疼
醫 爲甚麽肩膀兒高呢
病 胳臂的上頭有甚麽病了
醫 我不知道您請看一看
病 你有甚麽病知道您的顋頰怎麽這麽紅呢
醫 那不是都病麽
病 我這個辮子得梳了就病好
醫 這指頭疼得利害
病 那是貼趙膏藥罷
醫 你餧呃馊呀
病 我的病很怪快死多好麽
醫 我上醫院送幾包藥您吃罷

그것은압흐지안소
엇지홍야억게가놉흐심닛가
팔뚝우에무슨병이잇슴닛가
로형이무슨병이잇는지아시오
나난모르겟슴니다로형보아주시오
당신의쌤은웨이러케붉슴닛가
그것이다병이아넘닛가
로형이머리쇠리를비서야곳병이낫소
이손가락이민우압흐요
그것은죠고약을부치시오
내병은민우괴이호오속히주거스면얼마나깃켓소
내가병원에가셔약멧쳡보뇌드리니로형잡수시오

六四

病醫

甲 怎麼不來呢　뎜마부리니ᅌ
乙 您再不能來麼　닌저부넝티과
甲 他是誰我不知道　타쓰쉬워부지따
乙 他就是金先生　타쥬쓰진쎈셩
甲 那個金先生呢　나거진쎈셩니
乙 東邊兒賣藥的金先生了　둥삔얼믜얃의진쎈셩랴
甲 啊這幾天他沒在家罷　야져뎬타메제쟈바
乙 我聽說他家都病了　워팅쉬라쟈뚜빙랴
甲 啊他們老三昨天死了　아타먼란쌴쥐텐쓰랴
乙 啊呀實在可惜　아야쓰재커시

第三十四課　友死悲感

웨오지아니ᄒ겟슴니가
로형더시오지못ᄒ겟죠
로형이그를못맛낫슴니가
그가누구요나난모르겟죠
그곳김션싱이오
어느김션싱임니가
동편에셔약파난김션싱말이오
아요소이그가집에잇지안치오
내가드르니그사람집이모다병이낫대요
아그의셋지분이어졔죽엇슴이다
아이구참가셕ᄒ오

乙	워먼댤상취바 我們吊喪去罷
甲	쉬쓰늬취워예얀취 君是你去我也要去
乙	뒤잔추빈늬지단마 多俗你要知道麽
甲	뒤잔추빈늬지단마 多俗出殯你知道麽
乙	타먼잉듸저나얼 他們塋地在那兒
甲	다깨밍텬허텬바 大概明天後天罷
乙	리워먼쟈의펀듸흔진 離我們家的墳地很近
甲	쒸쓰저마져단열훤나 是這麽着道兒很遠哪
乙	직솩쒸예유쓰우쎠리듸바 至少說也有四五十里地罷
甲	칭닌틔워숴단나 請您替我說道惱啊
乙	워쥬부넝쑹단타펀쌍취 我就不能送到他墳上去
甲	지웬추얼장미쉐쓰숴쥔쓰단랴즈쑨먼 在遠處兒葬埋雖是說好君是到了子孫們

우리됴상갑시다

미일로형가시면나도가겟쇼

언제 형이가시고져하오

언제출빈하는지로형이아시오

더기님일모레지오

저의션산이어디오니가

우리분묘더에셔미우갑々지오

그러면길이미오머오그려

적게말하야도四十五里지오

도형은내뒤신인사하야쥬시오

나난분상시지갈수가업쇼

먼곳에장사하난것이죠키난하나

乙　沒有力量兒就難按着時候兒上墳了
甲　可不是麼看風水的人們都說那塊兒好故此總在那兒立了墳了

第三十五課　久仰久仰

甲　久仰久仰
乙　豈敢豈敢
甲　今兒特過來拜訪
乙　您請到客廳裏坐罷
甲　您駕得很﹙勞﹚
乙　今兒幸得相會有緣哪
甲　前兒請安來您沒在家
乙　昨天請安來您沒在家
甲　啊未在家了失迎失迎
乙　那位是甚麼稱呼

오랫만이오
오날특별이와서심방함니다
오시기에매우수고하셧슴니다
오날다힝히서로만나니연분이잇소구려
어적게문안호왓더이실례요실례요
아집에못잇섯슴니다실례요실례요
그분은누구라하심닛가

乙 這位是姓金俗們同鄉的人
저위쓰싱진지먼퉁썅듸신

甲 彼此彼此
비쓰비쓰

金 俗們瞧着好面善
자먼챠저한멘쎈

甲 您貴甲子
닌귀쟈ᅎᅳ

金 今年三十五歲了
진녠싼씌우쉬러

甲 你不是河南金財東的老三麼
늬부쓰허난진치등듸란싼마

金 是對了
쓰뒤랴

甲 府上都好啊
부샹떠하아

金 托福家都泰平
퉈ᅋᅮ쟈떠틔핑

甲 這一向少見少見
저이썅산젼쌀젼

金 少見少見
산젼샨젼

第三十六課 過年

이양반은김씨요우리동향지인이요
우리가뵈옵기에미우낫치익습니다
피차업습니다
로형무슨셩이시요
금년서른다셧쌀이오
로형이水南지쥬딕셋지분아니시요
네그렵슴니다
집은다무고하시오
덕틱에집은다틱평합니다
요소이드문드문뵈옵니다
드문드문뵈엿슴니다

	客	主	客	主	客	主	客	主	客	主	主	客
	大哥新喜新喜	好說大家同喜同喜	大哥請坐	쮜罷	我在家裏吃了出來的	吃的那麼飽麼	謝々肚子脆了	請吃幾個餃子罷	做甚麼	想必是粧假罷	眞的呀	在哥々家我還做客麼 這麼著請您喝酒罷
	따거신시신시	한쳐따쟈퉁싀퉁싀	따거칭줘	쮜바	워쟈지야리츄리디 츨라마	츠더나머바마	쎼々뚜쯔꽝쟈바	칭츠지거쟈오쯔바	쮜션마	상비쓰좡쟈바	젼듸야	자거々쟈워히쥐마 져마져칭닌허쥬바

형임환세안영이하셧쇼
죠흔말삼이오모다감츅호오
형님안즈세요
무어흥시랴오
쳥컨딕만두맷기잡수시오
고맙소내가집에셔먹고나왓소
잡수셧기로무엇시부드럿소
감사호오빈가불너요
성각건딕거진말이지요
참말삼이올시다
형임딕에셔닉가쳬면차려겟소
그러면술이나잡수시요

第三十七課 屋裏

容 거々워부능허쥬
主 哥々我不能喝酒
客 졈마늬
主 怎麽呢
　 워히얀단베추취늬
　 我還要到別處夫呢
下 졈마메워덩了
主 我點上燈了
下 怎麽沒有燈呢
主 我也不知道
下 쉬나라취라메워
主 誰拏了去了沒有
下 쓰워제추쯔外취라
主 是我給厨子絜過去了
下 이屋裏很黑
主 拏一盞燈來

형님니가술못먹겟슴니다
웨요
나는딴싼곳으로가야하겟슴니다
로형등불을켯슴니가
나는등불을켯슴니다
엇지호야등이업소
나도모르겟슴니다
누가가져가지안엇슴니가
네내가숙수쟝이물쥬어가게호엿소
이방안이미우어둡요
등잔하나가져오시요

第三十八課 食堂

主人 늬갠쌔푸셰푸왕바
　　你快把鋪蓋鋪上罷
下人 쎈지뎬덩랴
　　現在點燈了
下人 늬앤녀슴마
　　你愛吃甚麼
客　 워이츠만터
　　我愛吃饅頭
下人 늬이허탕마
　　你愛喝湯麼
客　 워부이허덩
　　我不愛喝湯
下人 늬이츠슴마치
　　你愛吃甚麼菜
客　 슴마치부한
　　甚麼菜都好
下人 늬야뉴내부얀
　　你要牛奶不要
客　 뉴내펜이워커이야시진
　　牛奶便宜我可以要幾斤
客　 늬콰룽앤바
　　你快弄飯罷

당신은속히이부자리까시요
지금불켯슴너다
로형은무엇을잘자시오
나는만두를잘자시오
로형이국잘자시오
나난국잘안먹쇼
로형이무슨치든지다못슴너다
무슨치든지다못슴너다
로형쇼젓을요구치안소
우유가싸면내가멧근쓰랴호오
로혀속히밥지으시오

第三十九課　料理店(一)

下人　弄甚麼飯呢
客　　白米飯好
下人　飯得了怎麽樣
客　　飯得了就端上來
主　　吃完了都撤下去罷
客　　有餃子沒有
主　　沒有餃子有大鹵麵
客　　你愛吃甚麼
主　　我愛吃炸醬麵
客　　炒麵怎麽樣
主　　我不要吃那個

무슨밥을지으랍니가
빅미밥이죳쇼(이밥이죳소)
밥이되엿슴니가
밥이되거든담어오시오
다먹어스니가져가시오
만두업슴니가
만두난업고물국수잇쇼
로형은무엇을잘잡수시오
나는자장면을잘먹쇼
복근국수난엇더호오
나난그것먹지안쇼

第四十課　料理店去 (二)

主　大鹵麵怎麽樣
　　따루멘쩜마양
客　也是那個好
　　예쓰나거한
主　不要酒麽
　　부야쥬마
客　要甚麽酒
　　야슴마쥬
主　白酒黃酒都有
　　빅쥬황쥬쯰떠우
客　有黃酒罷
　　여우황쥬
主　快燙酒來
　　쾌탕쥬러
客　黃酒好了
　　황쥬하오러
某人　有兩個料理店
　　여우량거댜리뎬
客　借光借光這近邊兒沒有料理店麽
　　제꽝제꽝져진볜얼매여우댜리뎬마
某人　那一個店好呢
　　나이거뎬하오너
某人　上邊的大觀園是王京裏有名
　　쌍볜듸따관원쓰왕징리여우밍

물국수가 엇더함니가
역씨 그것죳쇼이다
술은 요구치안슴니다
무슨 술이잇쇼
빅쥬황쥬다잇슴니다
황쥬가 잇슴니다
얼는 술식녀오시요
황쥬가 됴슴니다
용셔하시오 이근처에 요리졈이업슴니가
요리졈 두리잇슴니다
어느 집이 죳슴니가
웃마을 대관원이셔울서 유명호오

客 져마져와먼이쾌얼쩐바
　　這麽着偺們一塊兒走罷
某人 워메우궁푸늬먼꼬지쩍바
　　　我沒有工夫你們自己走罷
客 부얀커치쾌바
　　不要客氣快走罷
某人 부쓰워젼메우궁푸
　　　不是我眞沒有工夫
客 상밴얼쓰흔웬바
　　上邊兒是很遠罷
某人 부왠궁왠쳰밴얼직쓰따꽌왠
　　　不遠公園前邊兒就是大觀園
客 아뒤쒀워샹치라마
　　啊對對我想起來了
　　這就是大觀園
下人 라오예라이러마
　　　老爺來了麽
客 쓰뒤마젼취바
　　是對麽進去罷
下人 판당얼니나채단즈저이왜히우
　　　跑堂兒你拿菜單子罷
　　나래라치단즈
　　拿來了菜單子這以外還有

그러면우리가함쇠갑시다
나는겨틀이업소토형들가시오
실양마시고속히갑시다
아니요내가참겨틀업슴니다
아 웃마을이면미우먼니다
머지안소공원압히곳대관원이올시다
아올소나난싱각하엿쇼
이것이곳딕관원임니다
네、올슴니가
영감、오섯슴니가
뎜원、자네음식발기가저오게
치단자가져왓슴니다이외에도또잇슴니다

客 니마부취슴마 한엽의뛰커이나 틴
　 那麽不拘甚麽好吃的都可以拿來
下人 쎼나슴마쥐야
　　 先拿甚麽酒呀
客 쎼나황쥐틴
　 先拿黃酒來
下人 병뗼쥐븨빙쥐흑핫졈마양
　　 奉天做的白酒很好怎麽樣
客 워먼뿌야빙쥐나황쥐바
　 我們不要白酒拿黃酒罷
下人 나도황쥐
　　 拿到黃酒了
客 핫열쥐아뤄량이량열바
　 好熱酒啊凉一凉兒罷
客 메우쎈와마와라
　 沒有鷰窩麽有了
下人 판탕열쎼청듸워취치메웟
　　 跑堂兒現成的魚翅菜沒有
客 워히쉐라
　 我喝醉了
客 워예쒸쯔뽀라
　 我也肚子飽了
某人 아쓰듸엇슴니
　　 啊吃的殼了

그러면무엇이든지먹기죠흔것은다가져오시
요
먼져무슨술을가져올가요
먼져黃쥬가져오나라
봉텬셔만든빅쥬가민우콧사오니엇져러가
우리눈白쥬스르닌황쥬가져오시요
黃쥬가져왓슴니다
미우더운놀이니대쌕시겨라
졈원시로만든어시치가업쇼
업소연화눈잇슴니다
나는취흐엿슴니다
나도비부르오
아ㅡ든々이먹엇슴니다

某人 늬싼쟝릭바 你算帳來罷
 你算帳来罷 노형회계하여오시요
下人 퉁궁싼얼싀꽈첸 通共算二十塊錢
 通共算二十塊錢 모도이십원이요
 자먼회취바 偺們回去罷
 偺們回去罷 우리도라갑시다

第四十一課　養鳥

甲 저쓰슴마쟉 這是甚麼鳥 이것이무슨새요

乙 나쓰황챤 那是黃雀 그것이춤새요

甲 양지룽리지녠 養在籠裏幾年 롱속에메멧해나질넛소

乙 총도량녠 總到兩年 인제겨우두해요

甲 워부애황챤 我不愛黃雀 나는참새를사랑치안소

乙 늬애슴마쟉 你愛甚麼鳥 로형이무슨새를사랑하시오

甲 워애윈옌 我愛雲雁 나는총달새를사랑하오

乙 늬부지다오황챤셔우핫흭 你不知道黃雀肉好吃 로형이모르시오참새고기맛잇소

七六

甲 찹쑤비누쑥졈마양 雀肉比牛肉怎麽樣
乙 위뙤흔한 味道很好

第四十二課 健壯

少 랗예넌진뎬뒤따쉬슈얼 老爺您今年多大歲數兒
老 워진뎨치여우쉬 我今年七十五歲
少 아야랗예흔졘창 啊呀老爺很健壯
老 메워듸화돤솬빈 沒有的話頓瘦得很
少 닌듸후쉬떠빈라 您的鬍鬚都白了
老 앤징예칸부젼 眼睛也看不眞
少 닌랗라 您老了
老 얼뒈예팅부젼 耳朵也聽不眞
少 랗예흔와뿌듸신나 老爺很和福的人哪

맛이미우좃소

시고기가소고기보다엇더함니가

영감당신이금년년치얼마심니가

나요금년이른다셧이요

아이구영감건강함니다

쳔만의말이요미우연약하오

사람이늘그면참으로눈도보이지안소

영감당신이귀는엇덧슴니가

귀도젼여들니지안소

영감미우복이잇눈이올시다

第四十二課　雜貨店

客　掌櫃你們有襪子沒有
　　장케늬먼유와쓰매우
主　店麽沒有你要甚麽襪子呢
　　뎜마메우늬야오슴마와쓰늬
客　我要上海襪子
　　워야오샹히와쓰
主　你愛甚麽色兒
　　늬애슴마쌔얼
客　我愛藍色兒還是青色兒
　　워애란쌔얼하이쓰칭쌔얼
主　我們沒有青色兒有白色兒
　　워먼메우칭쌔얼유빋쌔얼
客　沒有法子賣罷
　　메우빠쯔마이바
主　你要幾雙襪子
　　늬야오지쌍와쓰
客　我要三雙（給我一雙）
　　워야오싼쌍（게위싼쌍）
主　給你三雙
　　게늬싼쌍
客　這一雙多兒錢
　　저이쌍둬얼쳰

쥬인님당신들게보손이업슴니가
웨업겟슴니가로형은무슨보손을요구ᄒ시오
나는상히양말을요구ᄒ오
당신은무슨빗츨조와ᄒ시오
나는남석이나또혼쳥석을죠와홈니다
우리는쳥석이업고ᄇᆡᆨ석이잇슴니다
할수업소피시오
내가세컬네쓰랴오
로형이보손몟쌍이나쓰시랴오
세쌍이외다 （세쌍주시요）
이한쌍에얼마오니가

七八

主　저이쌈밧우미되 這一蟹三毛五賣的
客　이훈쌈에三十五錢에파오
主　웨쌈니가 為甚麼賤呢
客　위쌈니마진늬 실지에위리의싼々바 實在沒有利你算々罷
主　쓰늬의화뒥러 네로형말이을슴니다 是你的話對了

第四十四課　動身

甲　뒤잔키찬마 多偺開船麼
乙　완앙의뎬죵키찬 晚上十點鍾開船
甲　싱리뎍위쒜한라메우 行李都預備好了沒有
乙　쥔쓰호안히쒜딕아 就是護照還沒下來哪
甲　위쎄마부쌰딕늬 為甚麼還不下來呢
乙　워예부둣져거쓰흔괘 我也不知道這個事很怪
甲　늬먼쟈나얼늬 你們家那兒呢

네로형말이올슴니다
사실리가업소로형이노아보시요
웨쌈니가
언제비쎠남니가
밤열시에비쎠남니다
힝장은다춘비흐엿슴니가
아직려힝권이나지안엇슴니다
엇지흥야나지안엇슴니가
나도몰으겟슴니다 이일은민우퍼이흐오
로형딕은어딕요

乙	워먼쟈죽우창닷얼티웬레뗘 我們家就武昌逍兒太遠累贅
甲	커부으틴마 可不是太遠麽
乙	늬진얼누넝둥썬바 你今兒不能動身罷
甲	부쓰후짜래죽쳑태망라 不是誰照下來就走太忙了
乙	이회얼지쩬바 一會兒再見罷

우리집은무챵이요집이멀어서귀치안씁니다

엇지민우멀지안켓슴니가

토형오날못쎠나시겟슴니가

아니요려힝권이나오면곳가겟소미우밧쁨니

다시봅시다

單語名稱

一盞燈 이쟌덩	등한미
一張紙 이쟝즤	종희한쟝
一張椅子 이쟝이ᄯᅡ子	의자한미
一陣大風 이전따풍	일진대풍
一劑藥 이지야	한제약
一架鍾 이쟈중	괘종한나

一件事情 이쩬쓰칭	한건사정
一件東西 이쩬둥시	물건한미
一件衣裳 이쩬이샹	옷한벌
一件文書 이쩬원슈	문서한건
一隻船 이지쟌	빈한쳑
一隻箱子 이지샹ᄯᅳ子	상쟈한미
一隻雞兒 이지지얼	탉한머리

| 一口鍋 이커뷔 | 一顆珠子 커즤 | 一棵樹 머쓔 | 一桿秤 싼청 | 一桿槍 싼창 | 一幅箋紙 뿌젠즤 | 一封信 병쎼 | 一牀被 쌍븨 | 一牀褥子 쌍우즈 | 一枝笛 즤듸 | 一枝花兒 즤화얼 | 一隻手 즤서 |

| 솟 한개 | 구슬 한 쑤 | 나무 한쥬 | 져울 한개 | 총 한개 | 쪽지 하나 | 편지 한장 | 이불 한별 | 요 한기 | 져 한 기 | 일지 화 | 손 한편 |

| 一把傘 싸싼 | 一把扇子 싸씬즈 | 一領蓆子 랑쎼즈 | 一粒米 릐미 | 一粒丸藥 릐완얀 | 一絪葱 쿤충 | 一絪草 쿤챠 | 一管筆 꽌삐 | 一塊墨 쾌머 | 一塊錢 쾌쳔 | 幾口人 지커신 | 一口刀 이커단 |

| 우산 한개 | 붓쳐 한자루 | 쟈리 한개 | 살 한알 | 환약 한알 | 파 한뭇 | 풀 한뭇 | 붓 한자루 | 먹 한개 | 일원 (銀) | 몟사툼 | 칼 한개 |

이 벤 書슈 一本書	척한권	뒤 텩 坐 坐 位 푸 쌀 탕 와 쌍 花 나 山 鱼 客 炕 糖 鞋 襪 화 누 산 위 커 푸 쌀 쎄 와 朶 牛 塔 尾 坐 鋪 包 雙 雙 一 이 一 이 一 이 一 이 一 이 一 이 一 이 一 이 이 꽃한송이
이 피 뢰 一匹 驢	나귀한필	소한머리
이 피 一 疋布	뵈한필	산한나
이 다 하 一 道 河	강한줄기	탑한나
이 댜 쟌 一 遊 橋	다리한아	고기한마디
이 탄 이 샹 一 套 衣 裳	옷일습	손님한분
이 탄 슈 一 套 書	척한갑	온돌한간
이 댜 션 一 條 線	실한오리	사탕한봉지
이 댜 슈 얼 一 條 꾸兒	노한옷	신한커리
이 댜 셩 一 條 繩子	무지개한줄기	보션한커리
이 탸 홍 一 條 虹	고약한장	
이 뎨 얃 一 貼 膏 藥		

數目寫法

八二

세빠 寫法

甲 늑슈셰의빠쓰지닷十
　你數目寫的法子知道麼
乙 워부지닷난청잔에워바
　我不知道您請教給我罷
甲 워쏭닉펑창되쓔슈떡융쌰셰쯔
　我告訴你平常的數目都用小寫字
乙 펑창되쓔슈얼마셰되빠쓰니
　平常的數目是怎麼寫的法子呢
　쏘쥬마열지수얼혹빵삔잉당쓰마거
　蘇州碼兒記數兒很力便應當是怎麼個
　셰빠
　寫法

1、이쓰이단얼
　一是一道兒 一
2、앨쓰량단얼이셰창이셰짠
　二是兩道兒一筆長一筆短
3、싼쓰싼단얼
　三是三道兒 川
4、쓰쓰거이쯔
　四是個叉字 乂
5、우쓰앵부후루얼쓰되
　五是彷彿葫芦兒似的
6、六是一拐 上

로형이수자쓰는법아시오
나는모름니다쳥컨대로형이나를가르켜주
  시오
닉가로형게말훙지요보통수는다적은자를써
　쓴씀니다
보통이라흐는것은엇더케쓰는법이오닛가
소주마기수가미우편리흐딕
사실이이러케쓰는법입니다

흐나은일노로 一
두흘은두갈보흐나은길고흐나은쌀게
　 二
셋은세길로 川
넷은이짜가치 乂
다섯은호로와방불흥게닮음 8
여섯은흔나을쇄옴 上

7、치쓰이쌔가이橫획 ㅗ
8、빠쓰이쌔가라획 ㅛ
9、쟈쓰한쯔유원쯔얼쓰의 ㅈ
   九是漢字如文字兒似的
10、링쓰이거쩬얼쒜뒤콰이
   零是一個圈兒跟外國的
   法子一樣

칠은일괴에가로흔나을가함 ㅗ

팔은일괴에가로두흑틁가함 ㅛ

구는한즈에문즈와가치달멋슴 ㅈ

영수는노리공을한나흥는디외국법과가흠 ○

百家姓續

잔쳰순리 趙錢孫李	쟈우웨쟝 周吳鄭王	먀오펑화방 苗鳳花方	펑쳔쥬웨 馮陳褚衞
쥬진유쉬 朱秦尤許	지우완탄민 計伏成閔	레이허니탕 雷賀倪湯	쟌엔화 曹嚴華
치셰쳥웨 戚謝鄒喩	허란청대 和穆蕭尹	피볜치캉 皮卞齊康	원쑤판끄 雲蘇潘葛
루웨이창마 魯韋昌馬	후우스쟝 何呂施張	야오숭마오왕 姚宋茅龐	위런웬류 俞任袁柳
페이롄천셰 費廉岑薛	버쉐쿠쟝 柏水實章	탄진톈왕 談邵湛汪	텅인뤄비 滕殷羅畢
뤄우시후 樂于時傅		시지마챵 席季麻强	우유웬부 伍余元卜

八四

매 성 우 위 단 항 위 시 어 즈 갑 추 시 홍 쯔 우 추 좌
梅 盛 虞 單 杭 郁 邴 陸 榮 汲 邴 秋 花 甘 邵 鄂 屠 卓 黎 詹 斷 高 夏 房 經 包 荀 羊

井 段 富 巫 祖 武 牧 隰 印 池 喬 姬 樊 解 崔 吉 甄 烏 車
必 逢 弓 封 宗 霍 堵 扶 涉 冀 陰 白 懷 劉 谷

八五

井 段 富 巫 祖 武 牧 山 印 宿 池 喬 姬 樊 解 崔 甄 烏 車

夏候하후	遊유	曾증	師사	匡광	向향	溫온	鄔오	冉연	胥셔	蒲포		景경					
諸葛졔갈	二榴이휴	沙삳	毋부	國귁	古구	別볃	蘧거	宰진	廚리	鄦려	蒼창	詹잔					
軒轅헌원	宗정	聞인	蓋기	養양	晁죠	廣광	戈고	柴치	漢부	公孫공손	澹臺담태						
令狐령호	政漢양	人東方인동방	益이	須豊슈풍	勾融구융	祿東록동	廖終료장	醫閭이려	牛壽우슈	仲孫중손	公冶공야						
宦艾환애	鄒蒲추포	鐘離종리	淳于순우	赫連혁련	万侯만휴	巢關소관	逵관	冷살	殷은	監지	慕連모련	邊蓐변뇩					
魚容어용	尙農샹농	宇文우문	單于산우	皇甫황보	司馬사마	關相관샹	關결	沃利옥리	步반	居衡거형	茹여	燕翼연시					
段干단간	拓拔탁발	土谷혼土谷혼	顓孫젼손	鮮于션우	長孫장손	太叔태슉	尉遲위지	上官상관	査경	那이	閭丘려규	都번					
白里밐리	炎자곡	疏단목	閔민	慕뫄	容용	申屠신도	歐陽구양	荊紅형홍	鱟饒홍요	越계	薩롱	滿弘만홍					

앏쯔후캉
岳師猴兀
　　　俟
　　　佘
양냬쯸내
商牟佘俱

第五言福
쓰쓰
司徒司空
마츠꽁시
巫馬公西
지뿌 량
宰父穀梁
둥몐 난
東郭南門
황 위진
況后有琴
셰샹 슈
伯賞續
셰쟈싱
百家姓
지관쓰관
丌官司寇

斤求兩法

치 댠뒤 정
漆雕樂正
진 추 인
晋楚閩
한 앤 귀 히
呼延歸海
량 쟈 작
梁上左
미 하 찬 단
墨哈譐箄
잔 두 쯔 어
仇督子車
양 꽁 량
壤駟公良
루 엔 두 진
漆鄔涂欽
양 셔
羊舌微生
둥 이 시 몐 농
東門西
녠 이 양 둥
年愛陽佟

진직량빠듸격별지주라앏썬매향의쟈쳐뒤쌔
斤求兩法的口訣記住了要筭每兩的價錢多少
예샹
也行

근구량법의口訣을기역ᄒᆞ여두면미량의갑
多小를계산ᄒᆞᄂᆞᆫ데쓰ᄇᆞ니다

쓰
一是六二五 二是一二五 三是一八七五
쓰
四是二五 五是三一二五
쓰
四是三七五 六是三七五 七
쓰
是四三七五 八是五 九是五六二五 十
쓰
是六二五 十一是六八七五
쓰
十三是八一二五 十四是八七五 十五是九
三七五

以上에一은兩重을代表한것인데萬若一
斤에(十六兩一斤)一圓六十錢주藥인듸一
兩重에얼마식이나먹엇나보려면一은六二五
라난듸一六으로乘ᄒᆞ면一兩의價카알게됩

一斤에一圓六十錢자리藥을五兩重에난얼만
가하면반다시五是三二一六五에一六을乘하시요그러
면반다시五十錢이라난答이나지요이갓치便
利한算法이올시다
이算法으로난數盤도죠코筆算도훗사오니
곳머리에기억하여야엇더한경우에든지곳쓸
수잇난것이올시다

兩求斤法

一은쓰 二는쓰 三은쓰 四는쓰
一六 三二 四八 六四
五는쓰 六는쓰 七은쓰 八은쓰
八 九六 一一二 一二八
九는쓰 十은쓰 十一은쓰 十二는쓰
一四四 一六 一七六 一九二
十三은쓰 十四는쓰 十五는쓰
二零八 二二四 二四
十六은쓰 十七은쓰 十八은쓰 十九는쓰
二五六 二 二八八 三零四라
二十 七二

是쓰三二

手的算法 (一名小九完)

이것은 斤을 兩으로 速히 아난 法이 외다
一은 或은 二는 하 난 것 은 斤을 表함이 외다
그리하야 一은 一六이라 난 것 이 한 斤은 十六兩
이고 二는 三二라 난 것 이 二斤은 三十二兩이
라 함이 외다

一上一 二上二 三下五除二 四下五去一
쌰취 쌰앙 쌰앙 쌰취
五去五進一 六上一去五進一 七上二去五
쌰진 쌰앙쌰진 쌰앙쌰취
八除二進一 九除一進一 一上一
취진 취진 쌰앙
進一
진
五去五進一 六上一去五進一
쌰진 쌰앙쌰진
三上三 四除六進一 五上五
쌰앙 취진 쌰앙
六上六 七除三進一 八除二進一
쌰앙 취진 취진
進一 九除一
진 취

乘法疊併數 (一名大九九)

附錄單語

가

寶塔 보타		
晴天 칭텐	一 如一 위	二 如二 위	二三 如四 위 一
雲彩 윈채	三 如三 위	二三 如六 위	三三 如九 위 一四 如四
濛鬆 명쑹 위 雨	二四 如八	三四十二	四四十六 一五 如五
礦窰 양	二五 得十 더	三五十五	四五 得二十 더 五五二五
十五			

개인날	
구름	
가랑비	
광산	

山嶺 샨링	고기
道兒 딴열	길
岔道 차딴	갈임길
岔道兒 찬딴열	각가운길
近道兒 진딴열	거리가기
街上 쟤앙	거리
街上店舖 쟤앙뎬푸	길우
道上 딴샹	금광
金礦 진쾅	갈임성
吉林省 지린셩	강소성
江蘇省 쟝쑤셩	강동
江東 쟝둥	강서
江西 쟝시	

廣東 광뚱	광동	
廣西 광시	광서	
貴州府 꿰쥬부	귀쥬부	
傍兒 팡얼	그쪽	
那兒 나얼	긔	
挪邊 쌔볜	것	
橫線 훙셴	가름션	
竪的 수듸	구셕	
嘎拉兒 까라얼	기티	
姐兒 졔얼	가름션 아히	
姑父 꾸뿌	고모부	
機母 지무	게모	
丫鬟 야환	게집 ○ 희죵	

敎習 쟌시	교사	
做官 쮜관	관리	
當差使 땅채시	관리	
警察 징차	경관	
經紀 징지	거관	(仲介)
唱戱的 챵씨듸	광딕	
花子 화쯔	거ー지	(乞人)
强盜 챵딴	강도	
腦袋 낟듸	골	
耳朵 얼둬	귀	
耳輪 얼룬	귀박휘	
耳矢 얼쓰	귀지	

九〇

鹹짠子ᄍ	채소
榮쳐	전
餻간	간
子ᄍ 間젼	편
黍슈 黃황	
米미	
大따	라
辢	
茄쳐 椒쟈	
子ᄍ	
白빼 薯슈	
地띄 瓜꽈	
道닫	
士두 布뿌	
子ᄍ	
잔찬	
振쯘 子ᄍ	
剪젼 子ᄍ	
鏡징 子ᄍ	

김치
골방
기장이
기장살
고초
가지
감자
감자
감네
결네
가위
거울

鞾쉐 子ᄍ 舖푸	舖푸
果과 舖푸	
用용 錢쳰	
結제 賬장	
皇황 宮궁	
衛야 門먼	
欽친 差채 使쓰 館꽌	公궁 館꽌
公궁 館꽌	
監젼 獄워 所쑤	
巡쉰 警징 局쥐	
客커 車쳐	
轎자 子ᄍ	

구두방
과물전
구전(구문)
결산
궁
관쳥
공사관
공사관
감옥소
경찰셔
긱차
가마

| 冬뚱帽맏兒얼 | 官꽨帽맏 | 長창袍팓 | 駝뒤背뻬 | 豐둥胃쯔 | 感깐冒뭐 | 舒슈腕완 | 骨꾸盤판 | 胳시肢지窩워 | 腎썅臟탕 | 咳커嗽썩 | 連햫髥쯔 |

| 겨을모즈 | 관모 | 관복 | 곱사등이 | 귀머거리 | 감긔 | 기지게펴다 | 골판 | 겻으랑이 | 가슴 | 기침 | 구레수염 |

| 茶계末머 | 淸칭醬쟝 | 淸칭水쉬 | 開캐水쉬 | 珈아琲뻬 | 麵멘兒얼 | 點딘心신 | 貢꿍緞단 | 鈊쳰針쩐兒얼 | 頂딩子쯔 | 絨늉緞단 | 夾쟈衣이裳샹 | 煖놘帽맏 |

| 겨즈가루 | 간쟝 | 쓸눈물 | 가피 | 국슈 | 과즈 | 공단 | 귀고리 | 골무 | 슌 | 겹옷 | 겨을모즈 |

近衛兵	근위병
工程隊	공병디
軍樂隊	군악디
國民兵	국민병
看護兵	간호병
軍團	군단
攻城砲	공성포
機關砲	기관포
釖鎗	검
軍旗	군긔
軍機	군긔창
官兵庫	관병

救急兵	구완병
軍港	군항
軍艦	군함
驅逐艦	구축함
機關房	기관실
交戰	교젼
議和	강화
熊	곰
狗	개
猫	고양이
鯨魚	고리
孔雀	공작

密미蠲팡	金진	比비	金진	羽위	鵝어	野예	黃황		喜시	老랄	雁엔
蜂ᄫᅮᆼ蟹셰	龜꿔	目무	魚위	毛맠			雞지	鶯잉	鵲챡	鴉어	
		魚워									

| 쑬벌 | 게 | 거복 | 가자미 | 금붕어 | 깃 | 거위 | 꿩 | 쇠ᄭᅩ리 | 까치 | 가마귀 | 기럭이 |

鋼ᄭᅡᆼ	金진	金진	金진	嚴졔	花화	前쳔	蛆취	蛤하	火훠	蠍쒀	蜘직
鐵톄	葉예	剛상	薬치		年빈	蟆머	虫츙	蠍녀	蛛쥬		
	子즈		石웨					兒얼		兒얼	

| 강철 | 금박 | 금 | 금강석 | 고사리 | 꽃 | 그러게 | 구덕이 | 개고리 | 개똥버레 | 귀뚜람이 | 거미 |

나

柩京 궁	莊稼 장자	水田 쉬톈	擺渡 빠이뚜	雪 쉐			回頭 후이터우	今年 진녠	大前天 따첸톈	前天 첸톈	大後天 따허우톈
地 디				해							

| 남경 | 농장 | 논 | 나무 | 눈 | | | 고대 | 금년 | 그그적게 | 그적게 | 글피 |

| 眼淚 얜레이 | 眼球 얜츄 | 眼睛 얜징 | 眉毛 메이마오 | 丫頭 야터우 | 家 쟈 | 姑姐 꾸제 | 妹表弟兄 메이뺘오띠슝 | 姐妹 제메이 | 姐姐 제제 | 娘兒們 냥얼먼 | 南邊 난볜 | 南兒 난얼 |

| 눈물 | 눈동자 | 눈 | 눈섭 | 녀종 | 내외종간 | 누이 | 누님 | 녀자들 | 남쪽 | 남 | | |

眼앤眼앤眼앤		
脂지皮피兒얼		
子쯔子쯔		
大따腿튀		
子쯔		
塌타鼻비		
鼻세子쯔		
子쯔		
洋양矮애		
爐루胖팡		
子쯔子쯔		
刷쌰		
牙야		
子쯔		
內내		
閣거		
農농農농		
業예業예		
學쌰學쌰		
堂탕校갸		
騾뤄		
馬마		㊉	(內내閣거)

눈곱	눈가죽	넙적다리	넙적코	난쟁이	날도	넛쏠	내각	농업학교	소	노	노새

驢뤄	騾뤄	翅치	章장	蝴후	蚕찬	勤친	樹쑤	樹쑤	樹쑤	鉛쳰
子쯔	兒얼	髈빵兒얼	魚위	蝶데兒얼		娘냥子쯔	木무	根근	梗껑	枝즤兒얼

노새	나귀	날기	낙지	나비	누에	나팔꽃	나무	나무뿌리	나무줄기	나무가지	납

다

땐쓰 平街	쓰팽게 (쓰앵기)
吼明 天々	닐일
天뗀兒얼	날마다
	달
月웨亮량	달
太틔陰인	
大따風엥	대풍
熱어天뗀	더운날
冬둥至쯔	동지
大따道땋兒얼	도난길
頭터石엌	돌

地듸動둥	
銅퉁礦쾅	동광
東둥洋양	동양
東둥三싼省성	동삼성
大따連롄	대련
洞퉁庭팅湖후	동정호
後허頭터	뒤
正정對뛔面몐	딕면
小썀爐얼兒얼	대수
連롄襟낀兒얼	동셔 (동세)
숫령愛이 (小썀姐제)	따님
女뉘兒얼	딸

九七

漢字	한글	漢字	한글
中堂 듕탕	대신		
道士 도亽	도사		
夥計 훠계	동사하난사람(동무)		
徒弟 투듸	뎨자		
裱糊匠 뺜후쟝	도빅쟝이		
賊 제	도적		
痰 탄	담		
脊道 시량	등		
背骨 뻬구	등구멍		
穀道 구두	등쎼		
出恭 추궁 背兒 뻬얼	뚱누다		
出汗 추한	쌈난다		
發抖 파퉈	떨닌다		
頭疼 터텅	두통		
禿子 투즈	대머리		
長衫子 창샨즈	두루마기		
領帶 링때	동정		
腿帶兒 퉈때얼 (腿帶子 퉈때즈)	단임		
匙子 잔즈	단쵸		
鈕子 뉴즈	단추		
鈕子眼兒 뉴즈얜얼	단추구멍		
晌飯 셩앤	뎜심밥		
醋 추	쵸		
鷄肉 닭육	고기지		

燈뎡	燈뎡	臉롄	橔둔	橙뎡	正졍	大따	院웬	元웬	鷄지	猪주	猪주
籠룽	火훠	盆팬	子쯔	子쯔	房빵	門먼	子쯔	宵쌴	蛋딴		肉셔
								餅벵			

| 등롱 | 등불 | 대야 | 도마 | 등상 | 대쳥 | 대문 | 뜰 | 셕국 | 닭의알 | 도야지 | 도야지고기 |

書단	地의	大따	篷펑	動둥	大따	圖투	宮숭	掛꽈	擔단	當샹	圖수
架쟈	雷레		隊뒤	物우	學쒸	書슈	殿뎬	號핫	保밮	舖푸	書슈
				園웬	堂탕	館관					

(書留)

| 도장 | 뎌당ᄀ | 담보 | 등기 | 대궐 | 도셔관 | 대학교 | 동물원 | 돗 | 대ᄉ | 더뢰 | 닷가 |

頓數둔슈	돈수
燈臺뎡태	등대
同盟동멍	동맹
杜鵑두젼	두견
家鷄쟈지	닭
蝸牛과부	닥팽이
紅棗훙짜兒얼	(대추)
楓樹풍수	단풍
藤덕蘿뒴	등
銅둥	동
大理石따리石얼	대리석
라	

硫黃뤼황	류황
旱地한듸	륙디
旱路한루	륙로
路上루샹	로상
老人랃인	로인
剃頭的톄탈的	러발사
年老的년랃的	료리접쓰이
跑堂팡탕	량미간
印人인인	레빙당
講書堂장슈탕	레빙당
禍音堂푀인탕	륙군
陸軍룩쥔	
糧食량식	량식

마

駱뒤駝뒤	락타
落뒤花화生성	낙화싱
蘭란花화	란초
荷허花화	연꽃
洋양燈뎡	람푸

虹썅衛통	무지개
死쓰後후衚통	맥힌골목
上앙潮챠	밀물
水쉬坑컹子쯔	물웅뎅이
波버浪랑	물결

砂싸子쯔 (塵埃 쳔애)	모틱
土투	몬쥬
墳펀地듸	무덤
滿만洲쥬	만쥬
太태太태	마마
如수夫우人인	마님
姐제	매씨
武우官관	무관
文운官관	문관
馬마夫우	마부
看칸門먼的디	분직이
木무匠쨩	목수

泥늬앙　身썬匠앙　心신上양　　　頭터髮빠　頭터泥늬　頭터子ㅇ　脖뻐子ㅇ　嗓쌍워　心신子ㅇ　波페稜렁蓋께兒얼　瘋뼝子ㅇ　殘찬灋뻬

미쟝이

몸

마음

머리

머리칼

머리썩

목

목구멍

명문

무릅

밋친사람

문둥이

馬마체子ㅇ　帽모子ㅇ　帳쟝子ㅇ　絲쓰線쎈　夏쌰布부　綑쳐頭터包반　麵몐子ㅇ　饅만頭터　餃쟌子ㅇ　地듸板뺀　賬쟝房빵　澡쟌湯탕

모파자

마즈

모기쟝

명쥬실

모시

명쥬

면보

만두

마루

문셔방

목욕간

| 馬마
棚펑 | 粳미
米미 | 징 | 蘿뭐
蔔뻐 | 蒜싼
薑써 | 芹친
菜처 | 山싼
藥얖 | 水쉬
缸샹 | 닫 | 吊디
筒통 | 激싼
桶 | 樽싼
子쯔 | 떡 | 斗허 | 어 | 墨
倉
兒얼 |

마구간															
멧살															
로빅 (무)	(튀빙)														
마눌															
미나리															
마															
물동이			(水쉬 缸꾸 子쯔)												
물통			(水쉬 桶쉬통)												
무자위															
문지털기		⊕													
말															
갑															

바

| 兵삥
學쌰
堂탕 | 馬마
車쳐 | 野예
猪쥬 | 馬마
] | 鷹잉 | 鱠민
魚위 | 蚊원
子쯔 | 螞마
蚱자 | 蛤링
蝲랑 | 無우
花화
果머 | 牡무
丹단
花화 |

무관학교										
마차										
멧도야지										
말										
미										
민어										
모기										
몃뚝이										
매암										
무화과										
목단화										

雨위 風영 閃싼 霹피 海해 大따 白세 藩센 斜세 北쎄 大따
                  靂리   石씌 天뎬 河허 陽양 對뒤 邊벤 爺예
                            頭탁   湖후 面멘   兒얼

비	바람	번기	벼락	바다	바우돌	봉텬	빅한	심양호	비스듬이	복죽	빅부

肚뚜 肚뚜 腮쌔 屠투 大따 訟숭 百배 民민 슝링 夫약 夫약 大따
臍ᄆ 子쯔 頰쟈 戶후 律뤼 師쓰 姓싱 人신 兄슝 人신 妻치 娘냥
眼옌   師쓰
兒얼   (뤼쓰
                律師)

빅모	부부 (내외)	부인	빅씨	빅성	빅성	변호ᄉ	변호ᄉ	백쟝	뺨	빅	빅솝

"早期北京話珍本典籍校釋與研究"
叢書總目錄

早期北京話珍稀文獻集成
（一） 日本北京話教科書匯編
《燕京婦語》等八種　　　　　　四聲聯珠
華語跬步　　　　　　　　　　　官話指南・改訂官話指南
亞細亞言語集　　　　　　　　　京華事略・北京紀聞
北京風土編・北京事情・北京風俗問答
伊蘇普喻言・今古奇觀・搜奇新編
（二） 朝鮮日據時期漢語會話書匯編
改正增補漢語獨學　　　　　　　修正獨習漢語指南
高等官話華語精選　　　　　　　官話華語教範
速修漢語自通　　　　　　　　　無先生速修中國語自通
速修漢語大成　　　　　　　　　官話標準：短期速修中國語自通
中語大全　　　　　　　　　　　"內鮮滿"最速成中國語自通
（三） 西人北京話教科書匯編
尋津錄　　　　　　　　　　　　北京話語音讀本
語言自邇集　　　　　　　　　　語言自邇集（第二版）
官話類編　　　　　　　　　　　言語聲片
華語入門　　　　　　　　　　　華英文義津逮
漢英北京官話詞彙　　　　　　　北京官話：漢語初階
漢語口語初級讀本・北京兒歌

（四）清代滿漢合璧文獻萃編

清文啓蒙　　　　　　　　　清話問答四十條
一百條・清語易言　　　　　清文指要
續編兼漢清文指要　　　　　庸言知旨
滿漢成語對待　　　　　　　清文接字・字法舉一歌
重刻清文虛字指南編

（五）清代官話正音文獻
正音撮要　　　　　　　　　正音咀華

（六）十全福

（七）清末民初京味兒小說書系
新鮮滋味　　　　　　　　　過新年
小額　　　　　　　　　　　北京
春阿氏　　　　　　　　　　花鞋成老
評講聊齋　　　　　　　　　講演聊齋

（八）清末民初京味兒時評書系
益世餘譚——民國初年北京生活百態
益世餘墨——民國初年北京生活百態

早期北京話研究書系
早期北京話語法研究
早期北京話語法演變專題研究
早期北京話語氣詞研究
晚清民國時期南北官話語法差異研究
基於清後期至民國初期北京話文獻語料的個案研究
高本漢《北京話語音讀本》整理與研究
北京話語音演變研究
文化語言學視域下的北京地名研究
語言自邇集——19世紀中期的北京話（第二版）
清末民初北京話語詞彙釋